COMPRÉHENSION ORALE

프랑스어 듣고 이해하기

이홍 · 정일영 지음

신아사

책을 쓰면서

이 책은 프랑스어를 공부하는 학생들의 듣기 능력 향상에 도움을 주기 위한 학습서이다. 어떤 외국어를 막론하고 의사소통 능력인 구술 능력과 자기의 의사를 글로 올바르고 정확하게 알리는 쓰기 능력이 상당히 중요한 부분을 차지하고 있는데, 이 중에서도 국제화 시대를 맞이하여 구술능력에 의거한 의사전달 능력이 크게 요구되고 있는 것이 사실이다. 이러한 의사소통 능력인 구술 능력을 가장 효율적인 방법으로 향상시키기 위해서는 무엇보다도 상대방의 의사나 의도를 파악할 수 있는 듣기 능력이 매우 중요하다. 구술능력은 기존의 어휘나 문법을 설명하는 회화체의 예문들을 숙지함으로써 얼마든지 의사를 표현할 수 있는 기초를 익힐 수 있는 반면, 듣고 이해하는 부분에서는 현 입시 위주의 교육체제나 학교의 다양한 사정 등을 고려할 때 (어학 실습실의 부족과 많은 학생 수 등) 매우 어려운 문제가 아닐 수 없다.

이 책의 특성은 단순한 듣기 훈련에서 그치지 않고 외국어 학습을 구성하는 주요 요소들과의 연관성에 있다고 할 수 있다. 구체적으로, 듣기 훈련은 가장 기초적인 어휘들로부터 체계적으로 시작하는데 먼저 철자에서 혼동될 수 있는 어휘들을 발음을 중심으로 듣기 훈련을 함으로써 프랑스어에서 특징적인 발음체계와 어휘를 연관 지어 학습한다. 또 의미상으로 서로 밀접한 관계를 가지고 있는 회화에서 꼭 필요한 단어들을 중심으로 학습함으로써 어휘력 향상에 도움을 준다. 그리고 문장 안에서의 어휘들에 대한 듣기 훈련을 통해 문장을 구성하고 있는 문법적 요소들의 특성을 동시에 살펴볼 수 있게 함으로써 독립된 학습 훈련이 아닌 다양한 문장을 이루는 주요 구성성분들과의 연관성에 초점을 맞추고 있다.

프랑스어의 보다 효과적이고 효율적인 학습 효과를 위해 나름대로 노력을 한다고 했지만 너무 부족한 점이 많음을 시인한다. 하지만 이런 시도가 프랑스어를 공부하는 사람들이 프랑스어를 잘할 수 있게 하기 위한 좋은 방법들 중에 하나가 될 수 있음을 의심치 않으며 부족하나마 작은 도움이 되길 바라는 마음 간절하다.

2009. 7. 30

저자 이홍 · 정일영

차례

COMPRÉHENSION ORALE

Partie 1

알파벳 발음하기

알파벳 발음하기

a[아]	comme	André	n[엔]	comme	Nadine
b[베]		Béatrice	o[오]		Obispo
c[쎄]		Carole	p[뻬]		Patrick
d[데]		Daniel	q[뀌]		Quentin
e[으]		Émilie	r[에르]		Rose
f[에프]		François	s[에스]		Samuel
g[줴]		Gérard	t[떼]		Thierry
h[아쉬]		Hélène	u[위]		Ursule
i[이]		Isabelle	v[베]		Véronique
j[지]		Jérôme	w[두블르베]		Walter
k[까]		Karine	x[익쓰]		xavier
l[엘]		Luc	y[이그렉]		yaourt
m[엠]		Marc	z[제드]		Zoé

a		**e[으, 에]**				**i(y)**		**o**	**u**
à	â	è	é	ê	ë	î	ï	ô	[위]
[아]		[에]				[이]		[오]	

연습문제

01. 다음을 듣고 알파벳을 적으시오.

1) ______ 2) ______ 3) ______ 4) ______
5) ______ 6) ______ 7) ______ 8) ______
9) ______ 10) ______ 11) ______ 12) ______
13) ______ 14) ______ 15) ______ 16) ______
17) ______ 18) ______ 19) ______ 20) ______
21) ______ 22) ______ 23) ______ 24) ______
25) ______ 26) ______

02. 다음 이름을 듣고 해당하는 성에 표시를 하시오.

	M	F		M	F
1)			11)		
2)			12)		
3)			13)		
4)			14)		
5)			15)		
6)			16)		
7)			17)		
8)			18)		
9)			19)		
10)			20)		

03. 다음 이름을 듣고 시작하는 철자를 알파벳으로 표시하시오.

1) ______ 2) ______ 3) ______ 4) ______
5) ______ 6) ______ 7) ______ 8) ______
9) ______ 10) ______ 11) ______ 12) ______

COMPRÉHENSION ORALE

Partie 2

발 음

1

모음 (les voyelles)

1) [e] : é, -er

[e]	é	[A]	aéroport[공항]	agréable[쾌적한]	année[年]
		[C]	café[커피]	coréen[한국의]	
		[D]	décembre[12월]	décider[결정하다]	déjà[이미]
			déjeuner[점심식사]	délicieux[맛있는]	départ[출발]
			se dépêcher[서두르다]	désolé[유감의]	différent[다른]
		[E]	école[학교]	écouter[듣다]	écrire[쓰다]
			église[교회]	élève[제자]	enchanté[반가운]
			entrée[입구]	espérer[기대하다]	étage[층]
			été[여름]	étoile[별]	échange[교환]
			étroit[좁은]	étudiant[학생]	étudier[공부하다]
		[F]	fatigué[피곤한]	février[2월]	
		[I]	intéressant[흥미로운]		
		[J]	journée[일과]		
		[L]	légume[야채]	lycée[고등학교]	lycéen[고등학생]
		[M]	marché[시장]	mathématiques[수학]	médecin[의사]
			métro[지하철]	musée[미술관]	
		[N]	nécessaire[필요한]	numéro[번호]	
		[O]	obéir[복종하다]		
		[P]	préférer[선호하다]	prénom[이름]	préparer[준비하다]
			présenter[소개하다]	président[대통령]	
		[R]	région[지역]	réunion[회의]	répondre[대답하다]
			réussir[성공하다]	réveiller[깨우다]	soirée[저녁]
		[T]	téléphoner[전화하다]	télévision[TV]	théâtre[연극무대]
		[U]	université[대학교]		
		[V]	vélo[자전거]		

e	-er	[A]	accepter[받아들이다]	accompagner[동반하다]	acheter[사다]
			aider[돕다]	aimer[좋아하다]	s'amuser[즐기다]
			annoncer[알리다]	s'appeler[-라 불리다]	apporter[가져오다]
			s'arrêter[멈추다]	arriver[도착하다]	
		[B]	se blesser[다치다]		
		[C]	cacher[감추다]	cahier[공책]	casser[깨다]
			changer[변화시키다]	chanter[노래하다]	chercher[찾다]
			commencer[시작하다]	compter[세다]	conseiller[충고하다]
			continuer[계속하다]	couper[자르다]	coûter[비용이 들다]
			coucher[자다]	cher[비싼]	
		[D]	danser[춤추다]	décider[결정하다]	déjeuner[점심식사]
			demander[요구하다]	dessiner[그리다]	déranger[방해하다]
			dîner[저녁식사]	donner[주다]	
		[E]	échapper[피하다]	emmener[데려가다]	s'ennuyer[싫증하다]
			entrer[들어가다]	envoyer[보내다]	espérer[기대하다]
			essayer[시도하다]	étranger[낯설은]	épicier[식료품주인]
			excuser[사과하다]	expliquer[설명하다]	
		[F]	fermer[닫다]	février[2월]	fêter[축하하다]
		[G]	gagner[벌다]	garder[지키다]	
		[H]	habiter[-에 살다]	hiver[겨울]	hier[어제]
		[I]	inviter[초대하다]		
		[J]	jeter[버리다]	janvier[1월]	jouer[놀다]
		[L]	laisser[내버려두다]	se laver[씻다]	se lever[일어나다]
		[M]	manger[먹다]	manquer[결핍하다]	marcher[걷다]
			mesurer[측정하다]	monter[올라가다]	montrer[보여주다]
		[N]	neiger[눈이오다]	nettoyer[청소하다]	
		[O]	oublier[잊다]		
		[P]	papier[종이]	parler[말하다]	passer[지나가다]
			payer[지불하다]	penser[생각하다]	peser[무게가 -다]
			pleurer[울다]	porter[운반하다]	préciser[구체화하다]
			premier[첫째의]	préparer[준비하다]	prévenir[예고하다]
			prêter[준비하다]	prier[기원하다]	se promener[산책하다]
			prononcer[발음하다]	proposer[제안하다]	
		[Q]	quartier[구역]	quitter[떠나다]	

[e]	-er	[R]	raconter[얘기하다]	ranger[정리하다]	se rappeler[상기시키다]
			regarder[쳐다보다]	regretter[후회하다]	remercier[감사하다]
			rencontrer[만나다]	rentrer[귀가하다]	résider[거주하다]
			se reposer[휴식하다]	rester[머무르다]	retourner[돌아가다]
			réserver[예약하다]		
		[S]	sauter[솟다]	sembler[-같다]	soigner[돌보다]
			sonner[벨이 울리다]		
		[T]	téléphoner[전화하다]	terminer[끝내다]	tomber[떨어지다]
			tourner[돌다]	travailler[일하다]	traverser[가로지르다]
			trouver[발견하다]		
		[V]	visiter[방문하다]	voyager[여행하다]	
	-ed	[P]	pied[발]		
	-ez	[C]	chez[-집에]		

2) [ɛ] : ai(ay), ei, et

[ɛ]	ai ay	[A]	aider[돕다]		aimer[좋아하다]		air[공기]	
		[C]	chaise[의자]		clair[명백한]			
		[E]	essayer[시도하다]					
		[F]	faible[약한]		faire[-하다]		frais[신선한]	
		[L]	laisser[놔두다]		lait[우유]		librairie[서점]	
		[M]	mai[5월]		mais[그러나]		maison[집]	mauvais[나쁜]
		[P]	paix[평화]		palais[궁전]		pays[나라]	
			payer[지불하다]		paysan[농부]		plaisir[기쁨]	
		[R]	raison[이성]	[S]	saison[계절]	[V]	vrai[사실의]	
	ei	[B]	baleine[고래]	[N]	neige[눈]	[P]	peigne[빗]	
		[R]	reine[여왕]	[S]	seize[16]			
	et	[B]	buffet[부페]	[J]	juillet[7월]	[L]	lettre[편지]	
		[N]	navet[무우]	[P]	poulet[닭]	[R]	robinet[수도꼭지]	

3) [o] : au, eau

[o]	au	[A]	aujourd'hui[오늘]	aussi[또한]	automne[가을]
		[C]	chaud[더운]		
		[G]	gauche[왼쪽의]		
		[H]	haut[높은]		
		[J]	jaune[노란색의]		
		[M]	mauvais[나쁜]		
		[P]	pauvre[가난한]		
		[R]	restaurant[식당]		
		[S]	sauter[솟아오르다]		
	eau	[B]	beau[아름다운]	beaucoup[많이]	bureau[사무실]
		[C]	cadeau[선물]	chapeau[모자]	cerveau[세포]
		[E]	eau[물]		
		[G]	gâteau[케익]		
		[N]	nouveauté[새로움]		
		[O]	oiseau[새]		
		[T]	tableau[칠판]		

4) [u] : ou

[u]	ou	[B]	beaucoup[많이]	bonjour[안녕]	bouche[입]
			bouteille[병]		
		[C]	course[경주]	couleur[색깔]	couper[자르다]
			courage[용기]	courir[달리다]	cours[수업]
			court[짧은]	cousin[사촌]	couteau[칼]
		[D]	doux[부드러운]	douze[12]	
		[E]	égout[하수구]		
		[G]	groupe[집단]		
		[J]	jouer[놀다]	jour[날(日)]	journal[신문]
			journée[일과]		
		[L]	lourd[무거운]		
		[M]	mourir[죽다]		
		[N]	nouveau[새로운]	nouvelle[소식]	

[u]	**ou**	**[O]**	oublier[잊다]	ouest[서쪽]	ouvrir[열다]
		[P]	pouvoir[-할 수 있다]		
		[R]	retourner[돌아가다]	rouge[붉은]	route[길]
		[S]	se souvenir[기억하다]	sourire[미소]	souvent[자주]
		[T]	touriste[관광객]	toujours[항상]	toucher[만지다]
			tour[탑]	tout[전부]	toux[기침]
		[V]	vouloir[-을 원하다]		
	où	**[O]**	où[어디에]		

5) [wa] : oi

[wa]	**oi**	**[A]**	avoir[-을 가지고 있다]		
		[B]	bois[숲]	boire[마시다]	bonsoir[저녁인사]
		[C]	choisir[선택하다]		
		[D]	droit[똑바른]		
		[E]	étoile[별]	étroit[좁은]	
		[F]	falloir[-해야 한다]	fois[횟수]	froid[추운]
		[H]	histoire[역사]		
		[J]	joie[기쁨]		
		[M]	mois[달(月)]		
		[N]	noir[검은색의]		
		[O]	oiseau[새]		
		[P]	poisson[생선]		
		[S]	soif[목마른, 갈증]	soigner[돌보다]	soir[저녁]
			soirée[야회]	soixante[60]	
		[V]	voilà[저기에]	voir[보이다]	voici[여기에]
			voisin[이웃]	voiture[자동차]	
	oy	**[N]**	nettoyer[닦다]		
		[V]	voyager[여행하다]	voyage[여행]	

6) [ø] : eu - [œ] : œu

[ø]	eu	[C]	cheveu[머리카락]	couleur[색깔]		
		[D]	déjeuner[점심]	délicieux[맛있는]	deux[2]	
		[F]	feu[불]	fleur[꽃]		
		[G]	guerre[전쟁]			
		[H]	heureux[행복한]			
		[J]	jeu[놀이, 게임]	jeudi[목요일]		
		[L]	lieu[장소]			
		[M]	meilleur[더 나은]			
		[N]	neuf[새로운]	nombreux[수가 많은]		
		[P]	peu[거의]	peur[두려움]	pleurer[울다]	pleuvoir[비오다]
		[S]	seul[홀로]			
		[V]	vendeur[판매인]	vieux[늙은]		
[œ]	œ	[B]	bœuf[소]			
		[C]	cœur[마음, 심장]			
		[N]	nœud[매듭]			
		[O]	œuf[달걀]			
		[S]	sœur[누이]			
		[V]	vœu[소원]			

연습문제

01. 발음 [u] 소리와 [y] 소리를 구분하여 표시하시오.

	[u]	[y]		[u]	[y]
1)			21)		
2)			22)		
3)			23)		
4)			24)		
5)			25)		
6)			26)		
7)			27)		
8)			28)		
9)			29)		
10)			30)		
11)			31)		
12)			32)		
13)			33)		
14)			34)		
15)			35)		
16)			36)		
17)			37)		
18)			38)		
19)			39)		
20)			40)		

02. 다음 발음을 주의깊게 듣고 다음 빈칸에 철자 oeu 또는 eu를 써넣으시오.

1) d_____x
2) chev___
3) v_____x
4) bl____
5) h____re
6) j___di
7) b____f
8) nerv___x
9) s____r
10) c____r

03. 다음 발음을 듣고 빈칸에 eur 또는 our 중 알맞은 것을 골라 써넣으시오.

1) j_______
2) doct____
3) p_______
4) dans____
5) j______née
6) _____s
7) f______mi
8) chauff_____
9) ordinat_____
10) b_____re

04. 다음 발음을 듣고 빈칸에 oi 또는 io 중 알맞은 것을 골라 써넣으시오.

1) p____re
2) r____
3) n____x
4) rad____
5) v____ci
8) id____t
9) v____lon
10) v_____lette
11) t_____t
12) b____logie

05. 다음 발음을 주의깊게 듣고 oir 또는 oil 중 선택하여 쓰시오.

1) ras_____
2) t_______e
3) gl_____e
4) ét____e
5) s______
6) p_____
7) v_____à
8) b_____e
9) mouch____
10) v_____e

06. 다음 발음을 듣고 ia와 ai 중 잘못된 발음을 골라 바꾸시오.

1) chiase ______
2) lait ______
3) daible ______
4) français ______
5) iamer ______
6) maraige ______
7) criae ______
8) iagle ______
9) paino ______
10) miason ______

07. 다음 발음을 듣고 빈칸에 or 또는 ol 중 선택하여 써넣으시오.

1) p_____te
2) C__ée
3) j_____i
4) d____mir
5) g_____f
6) s____dat
7) ____ange
8) b_____
9) n_____d
10) s______

08. 다음 단어들은 발음은 유사하나 철자가 다르다. 발음을 듣고 틀린 것을 골라 다음 보기에서 찾아 맞은 것을 쓰시오.

ex) au - eau, ei - ai - et, er - é

1) feaute ______
2) chapau ______
3) gâtau ______
4) jeaune ______
5) pauvre ______
6) cheise ______
7) naige ______
8) buffei ______
9) poulet ______
10) cafer ______
11) bouché ______
12) bébé ______

09. 다음 발음에 유의하면서 빈칸을 채우시오.

➲ ei - ai - et

1) Il y a une ( ) sur la ( ).
2) Il ( ) ( ) les enfants s'amusent avec leur maître.
3) Est-ce que le ( ) ( ) ( ) sont tous les deux des oiseaux?

➲ er - é

1) Le (　　) fait de la baguette avec du (　　).
2) Je ne prends pas de (　　) chaud en (　　) parce qu'il fait trop chaud.
3) (　　) garde le (　　) du boucher pendant toute la (　　).

➲ au-eau

1) Marie a acheté ce (　　) comme (　　) d'anniversaire de son mari.
2) Un homme (　　) a commis une (　　).
3) Toi (　　), tu peux manger la (　　) du (　　)?

➲ ou

1) La (　　) attache une (　　) au (　　) du chat.
2) Tu es (　　)! Comment peux-tu avaler la (　　) chaude d'un seul (　).
3) (　　) (　　) vraiment travailler (　　) moi?

➲ oi

1) (　　), j'ai très (　　) et (　　)! Donnez- (　　) de l'eau chaude.
2) Un (　　) regardait des (　　) dans le ciel. À ce moment-là, un (　　) a volé du (　　).
3) Elle baisse la (　) et couvre sa tête d'un (　) de (　　) (　　).

➲ ar - al

1) (　　), qu'est-ce que tu vas faire avec cet argent (　　)?
   Moi, je vais acheter un (　　).
2) La chasse au (　　) se pratique à (　　).
3) Mon père lit le (　　) d'un (　　) (　　).

➲ or - ol

1) Un ( ) a fermé ( ) la ( ).
2) Voyons! Ce ( ) n'est pas un ( ) !
3) Un ( ) chien ( ) sous un grand ( ).

➲ eur - our

1) Chaque ( ), le ( ) chante ( ) préparer le concert.
2) Les ( ) coureurs partent en ( ) bicyclette malgré la ( )( ).
3) Les ( ) regardaient les ( ) et ils n'avaient pas ( ) du tout.

2

비모음 (les voyelles nasales)

1) [ɑ̃] 소리가 나는 경우

[ɑ̃]	am	[C]	campagne[교외]	chambre[방]	champ[밭]
		[J]	jambe[다리]		
	an	[A]	ancien[오래된]	anglais[영국의]	blanc[흰색의]
		[C]	chance[기회]	chanson[노래]	cantine[학생식당]
			changer[바꾸다]		
		[D]	danser[춤추다]	dimanche[일요일]	demander[요구하다]
		[E]	étranger[외국의]	étudiant[학생]	
		[F]	français[프랑스의]		
		[G]	grand[큰]		
		[I]	ignorant[무식한]	important[중요한]	
		[J]	janvier[1월]		
		[L]	langue[언어]		
		[M]	maintenant[지금]	maman[엄마]	manger[먹다]
			manquer[부족하다]		
		[P]	pantalon[바지]	paysan[농부]	plan[계획]
		[Q]	quarante[40]		
		[R]	ranger[정리하다]	rang[열, 줄]	roman[소설]
		[S]	santé[건강]	soixante[60]	
		[T]	tant[그처럼]	tante[숙모]	
		[V]	vacances[휴가]	viande[고기]	

[ɑ̃]	em	[D]	décembre[12월]		
		[E]	ensemble[함께]	exemple[예]	
		[N]	novembre[11월]		
		[P]	printemps[봄]		
		[S]	sembler[-로 보이다]	septembre[9월]	
		[T]	temps[시간, 날씨]		
	en	[A]	accident[사고]	agent[경찰관]	aliment[음식]
			appartement[아파트]	apprendre[배우다]	argent[돈]
			attendre[기다리다]	attention[주의]	
		[C]	cent[100]	centre[중심]	content[만족한]
			commencer[시작하다]	comprendre[이해하다]	
		[D]	descendre[내려오다]	dent[이]	
		[E]	enchanté[반가움]	encore[아직도]	enfant[아이]
			s'ennuyer[싫증나다]	enfin[마침내]	ensemble[함께]
			ensuite[연속]	entendre[들리다]	entrée[입구]
			envie[바램]	environ[대략]	envoyer[보내다]
			entrer[들어오다]		
		[G]	gentil[상냥한]	gens[사람들]	
		[L]	lent[느린]		
		[M]	moment[순간]		
		[P]	parents[부모님]	président[대통령]	prendre[잡다]
			présenter[소개하다]		
		[R]	rencontrer[만나다]	rendez-vous[약속]	rendre[돌려주다]
		[S]	sentir[느끼다]	silence[침묵]	souvent[자주]
		[T]	trente[30]		
		[V]	vendeur[판매인]	vendredi[금요일]	vent[바람]
			vêtement[의복]		

2) [ɛ̃] 소리가 나는 경우

[ɛ̃]	**aim**	**[F]**	faim[허기]		
	ain	**[B]**	bain[목욕]	**[C]** copain[친구]	
		[D]	demain[내일]		
		[M]	maintenant[지금]	main[손]	
		[P]	pain[빵]		
		[T]	train[기차]		
	im	**[I]**	important[중요한]		
		[S]	simple[간단한]		
	ym	**[S]**	sympathique[친절한]		
	in	**[C]**	chemin[길, 여정]	cousin[사촌]	
		[F]	fin[끝]		
		[I]	intéressant[흥미로운]	information[정보]	inviter[초대하다]
		[J]	juin[6월]		
		[M]	magasin[상점]		
		[P]	printemps[봄]	province[지방]	
		[Q]	quinze[15]		
		[V]	vingt[20]	vin[포도주]	voisin[이웃]
	éen	**[C]**	coréen[한국의]	lycéen[고등학생]	

3) [ɔ̃] 소리가 나는 경우

	om	[C]	comprendre[이해하다]	compter[세다]	
		[T]	tomber[떨어지다]	tromper[속이다]	
	on	[B]	blond[금발의]	bon[맛좋은]	bonjour[인사]
			bonsoir[저녁인사]		
		[C]	conduire[운전하다]	contrat[계약]	conseiller[충고하다]
			construire[건축하다]	continuer[계속하다]	
			conversation[대화]		
		[D]	donc[그런데]		
		[L]	longtemps[오랫동안]	long[긴]	
		[M]	monter[올라가다]	monde[세상]	montre[손목시계]
			montrer[보여주다]	montagne[산]	
		[N]	nombreux[수가많은]	nom[性]	non[아니오]
		[O]	oncle[숙부]	onze[11]	
		[P]	poisson[생선]	pont[다리]	
		[R]	rond[둥근]	ronfler[코를골다]	
		[V]	volontiers[기꺼이]		

4) 그 밖의 비모음

[iɛ̃]	ien	ancien[오래된] bientôt[곧]	bienvenu[환영] chien[개]	bien[잘]
[uɛ̃]	oin	besoin[필요]	loin[멀리]	moins[덜]
[iõ]	ion	avion[비행기]	million[백만]	

연습문제

01. 다음 발음을 듣고 빈칸에 oin 또는 ion 중 알맞은 것을 선택하여 쓰시오.

1) l______
2) p_____t
3) rég____
4) champ____
5) l_______
6) s_______
7) av______
8) c_______
9) m______s
10 addit______

02. 다음 발음을 듣고 단어에서 ien과 ein이 잘못 짝지어진 것을 골라 고치시오.

1) chein
2) plien
3) bein
4) frein
5) rien
6) Parisein
7) pientre
8) cienture
9) beintôt
10) Indein

03. 다음 단어들 중 발음이 유사하지만 철자가 다른 것들이 있다. 틀린 것을 찾아 보기에서 골라 써넣으시오.

ex) am - an, em - en, om - on

1) damse ______
2) janbon ______
3) chamter ______
4) 4vemt ______
5) 5tenps ______
6) santé ______
7) restauramt ______
8) bombom ______
9) monde ______
10) momtre ______
11) pomt ______
12) vêtememt ______
13) printemps ______
14) chanbre ______
15) moutom ______
16) nombre ______

04. 다음 단어들을 잘 듣고 다음에 해당하는 발음 소리가 난 곳에 표시하시오.

	on, om	an, am en, em	in, im, ain, ein	un, um
	[ɔ̃]	[ɑ̃]	[ɛ̃]	[œ̃]
1)				
2)				
3)				
4)				
5)				
6)				

	on, om	an, am en, em	in, im, ain, ein	un, um
	[ɔ̃]	[ɑ̃]	[ɛ̃]	[œ̃]
7)				
8)				
9)				
10)				
11)				
12)				

05. 다음 발음에 유의하여 빈칸을 채우시오.

➲ ein - ain

1) Alain achète du p_______ au poul _______.
2) Dem _______, c'est l'anniversaire de Paul.
   Il va recevoir pl ______ de cadeaux.
3) Quand on se rencontre, on se serre la m________.
4) Soud _______, la porte s'ouvre elle devient très pâle.
5) C'est un p______ très célèbre en France.
6) Attachez vos c______ tures!

➲ am - an

1) Tu as vu mon enf____? Oui, il est d____s sa ch____bre.
2) Tu connais cette ch___ teuse? Oui, c'est ma t_____te.
3) Fr____çois adore manger. Oui, il est gourm____d.
4) Il a une gr___de maison à la c____pagne.
5) Qu'est-ce que tu m_____ges au restaur____t?
6) Un gr____d camion bl____c roule d___s la rue.

➲ em - en

1) J'ai mal aux d_____ts et je dois aller chez le d____tiste.
2) Quel t___ps fait-il aujourd'hui? Il y a de la t___pête.
3) Carole et Patrick sortent souv____t ens____ble.
4) Att___dez! Vous pouvez répéter? Je vous ent___ds mal.
5) Pourquoi Daniel est abs____t? Parce qu'il a eu un accid___t de voiture.

➲ om - on

1) Un grand n____bre de marr___s t___bent sur le gaz____.
2) B____jour, madame. Je vous ann___ce une bonne nouvelle.
3) Tu c___prends ce que je dis? Oui, c____ptez sur moi.
4) Ça fait l___gtemps qu'on ne s'est pas vu. Je ne me rappelle pas votre n____.
5) Tout le m____de a regardé le spectacle sur le p_____t.

➲ im - in

1) Il y a beaucoup de (   ) dans le (   ).
2) Le (   ), Pierre va à la poste pour acheter des (   ).
3) Il est (   ) de (   ) cette montagne.

➲ ion - oin

1) Où est la stat______ de métro? Ce n'est pas l_____ d'ici?
2) Le train est m_____s rapide que l'av______.
3) Regarde! Un l_____ s'approche de nous! On a bes____ d'une arme.
4) Attent_____! C'est un p_____t très important.
5) On a trouvé le tém____ de l'accident au c______ de la rue.

➲ g+n의 경우

gn	[ɲ]	+e	**A**	accompagner[동반하다]
			C	campagne[야외]
			G	gagner[승리하다]
			M	montagne[산]
			S	soigner[돌보다]
		+i	**M**	magnifique[훌륭한]

5) s [z]

모음+s+모음	[z]	**A**	aise[편함, 편안]	
		B	besoin[필요]	
		C	chaise[의자]	chemise[셔츠]
			choisir[선택하다]	chose[사물]
			cuisine[부엌]	cousin[사촌]
		D	désolé(e)[유감스러운]	
		E	église[교회]	excuser[사과하다]
		M	magasin[상점]	misérable[비참한]
			mesurer[측정하다]	musée[미술관]
			musique[음악]	
		O	oiseau[새]	
		P	paysan[농부]	plaisir[기쁨]
			présenter[소개하다]	président[대통령]
			proposer[제안하다]	peser[몸무게 재다]
		R	raison[이성]	se reposer[휴식하다]
		T	télévision[텔레비젼]	
		U	usine[공장]	
		V	valise[가방]	visiter[방문하다]
			voisin[이웃]	

➲ 그 밖의 s[s]

그밖의 경우 s	[s]	A	absent[부재중의]	adresse[주소]
			anniversaire[생일]	s'asseoir[자리에 앉다]
			assez[충분히]	aussi[또한]
		B	blesser[상처를 입다]	bonsoir[저녁인사]
		C	casser[깨뜨리다]	cassette[카세트]
			chanson[노래]	classe[교실]
			conseiller[충고하다]	construire[건설하다]
			conversation[대화]	
		D	dossier[서류]	descendre[내려오다]
			dessert[후식]	dessiner[그림 그리다]
		E	ensemble[함께]	ensuite[그리고 나서]
			espérer[기대하다]	essayer[시도하다]
		I	intéressant[흥미로운]	s'intéresser[관심갖다]
		J	juste[바로]	
		M	monsieur[남자존칭]	
		N	nécessaire[필요한]	
		O	ouest[서쪽]	
		P	passer[지나가다]	penser[생각하다]
			poisson[생선]	possible[가능한]
			professeur[교사, 교수]	
		Q	question[질문]	
		R	restaurant[식당]	réussir[성공하다]
		S	sac[가방]	saison[계절]
			salle[방]	salon[거실]
			salut[친한 사이 인사]	samedi[토요일]
			santé[건강]	sauter[솟아오르다]
			savoir[알다]	second[두 번째의]
			seize[16]	semaine[周]
			sembler[-처럼 보이다]	sentir[느끼다]
			sept[7]	septembre[9월]
			serviette[수건]	servir[-에 시중을 들다]
			seul[홀로]	si[만약에-라면]

		siècle[世紀]	silence[침묵]
		simple[간단한]	sinon[그렇지 않으면]
		six[6]	sœur[누이]
		soif[목마른]	soigner[-를 돌보다, 치료하다]
		soir[저녁]	société[사회]
		soixante[60]	soleil[태양]
		sommeil[잠]	sonner[벨이 울리다]
		sortir[외출하다]	sourire[미소짓다]
		sesouvenir[회상하다]	souvent[자주]
		sport[운동]	station[정거장]
		sud[남쪽]	suite[연속]
		suivre[뒤따르다]	sûr[확실한]
		surtout[특히]	sympathique[상냥한]
	T	tasse[찻잔]	touriste[관광객]
		traverser[가로지르다]	triste[서글픈]
	U	université[대학교]	
	V	vitesse[속력]	

자음 (2) - 철자는 다르지만 같은 발음이 나는 자음들

1) [k] 소리가 나는 자음들

[k]	**c+a, o, u**			cadeau[선물]	comment[어떻게]
	k			kilogramme[킬로그램]	kilomètre[킬로미터]
	qu	**+a**	**[C]**	cinquante[50]	
			[Q]	quarante[40]	quart[15, 4분의1]
				quatorze[14]	quatre[4]
		+e	**[B]**	bibliothèque[도서관]	
			[D]	disque[음반]	
			[E]	expliquer[설명하다]	
			[M]	magnifique[찬란한]	manquer[그리워하다]
				mathématiques[수학]	musique[음악]
			[Q]	quelquefois[때때로]	question[질문]
			[S]	schématique[도표의, 도식의]	
		+i	**[Q]**	quinze[15]	quitter[-를 떠나다]

연습문제

01. 다음 발음을 듣고 b 또는 p 중 알맞은 것을 고르시오.

	b	p		b	p
1)			7)		
2)			8)		
3)			9)		
4)			10)		
5)			11)		
6)			12)		

02. 다음 발음을 듣고 v와 b 중 알맞은 것을 고르시오.

	v	b		v	b
1)			7)		
2)			8)		
3)			9)		
4)			10)		
5)			11)		
6)			12)		

03. 다음 발음을 듣고 p와 f 중 알맞은 것을 표시하시오.

	p	f		p	f
1)			6)		
2)			7)		
3)			8)		
4)			9)		
5)			10)		

04. 다음 중 ph와 f 중 잘못된 것을 골라 알맞은 것으로 쓰시오.

1) caraphe			6) alphabet	
2) téléfone			7) foto	
3) pharmacie			8) phaute	
4) phable			9) féminin	
5) géografie				

05. 다음 단어를 듣고 s와 ss 중 알맞은 것을 골라 표시하시오.

	s	ss		s	ss
1)			6)		
2)			7)		
3)			8)		
4)			9)		
5)			10)		

06. 다음 단어들 중 철자 c는 [k] 또는 [ʃ]로 발음된다. 알맞은 것을 골라 표시하시오.

	[k]	[ʃ]		[k]	[ʃ]
1)			6)		
2)			7)		
3)			8)		
4)			9)		
5)			10)		

07. 다음 단어에서 철자 g는 [g] 또는 [ʒ]로 발음된다. 알맞은 것을 골라 표시하시오.

	[g]	[ʒ]		[g]	[ʒ]
1)			6)		
2)			7)		
3)			8)		
4)			9)		
5)			10)		

08. 다음 ch는 단어에 따라서 발음이 [k] 또는 [ʃ]로 발음된다. 알맞은 것을 고르시오.

	[k]	[ʃ]		[k]	[ʃ]
1)			6)		
2)			7)		
3)			8)		
4)			9)		
5)			10)		

09. k, ch, x는 같은 발음이 난다. 다음 단어들을 듣고 빈칸에 알맞은 철자를 쓰시오.

1) ___aki		6) ____araté	
2) ___oléra		7) _____orale	
3) e___amen		8) ____ristian	
4) ___iosque		9) e___act	
5) e___emple		10) ___laxon	

4

묵음 (les lettres muettes) 및 연독 (liaison)

1) 묵 음

<table>
<tr><td rowspan="5">e</td><td>단어의 끝</td><td>dur/dure</td></tr>
<tr><td>단어의 중간</td><td>médecin difficilement</td></tr>
<tr><td>* 발음되는 두 개의 자음 뒤에 위치할 때는 발음된다:</td><td>exactement gouvernement</td></tr>
<tr><td>동사의 어미변화의 일부분인 경우</td><td>(tu)travailles (ils)parlent</td></tr>
<tr><td>* 단 2인칭 복수인 경우는 발음된다:</td><td>(vous)travaillez (vous)parlez</td></tr>
<tr><td>m, p</td><td>단어의 중간에 있을 때 발음되지 않는 경우가 있다</td><td>automne condamner</td></tr>
<tr><td colspan="2">뒤에 오는 두 개의 자음이 동일할 때</td><td>terre chaussure</td></tr>
<tr><td>X</td><td>-d, -p, -t</td><td>bord laid camp trop
coup nuit sot</td></tr>
<tr><td>O</td><td>※ 예외</td><td>sud est stop</td></tr>
<tr><td>X</td><td>-f, -g</td><td>cerf clef poing sang</td></tr>
<tr><td>O</td><td>※ 예외</td><td>chef neuf actif</td></tr>
<tr><td>X</td><td>-s, -x</td><td>refus mauvais doux</td></tr>
<tr><td>X</td><td>-s, -x가 복수를 나타내는 어미일 때,
혹은 동사의 어미일 때</td><td>voitures tableaux
(tu)pars (tu)peux</td></tr>
<tr><td>O</td><td>※ 예외</td><td>as fils index</td></tr>
<tr><td>X</td><td>-z</td><td>nez riz assez</td></tr>
<tr><td>O</td><td>※ 예외</td><td>gaz jazz</td></tr>
<tr><td>O</td><td>-b, -c, -l</td><td>snob sac fil mal</td></tr>
<tr><td>O</td><td>-k, -q, -r</td><td>anorak coq finir acteur
cher</td></tr>
<tr><td>X</td><td>er로 끝나는 모든 원형들</td><td>aller terminer chercher</td></tr>
<tr><td>X</td><td>직업을 나타내는 -er로 끝나는 모든 명사들</td><td>boulanger épicier</td></tr>
</table>

3

자음 (les consonnes)

1) c

c	[s]	+e	A	accepter[받아들이다]	annoncer[알리다]
			C	cent[100]	centre[중심]
			D	décembre[12월]	descendre[내려가다]
			E	exercice[연습]	
			G	glace[아이스크림]	
			L	licence[학사자격]	lancer[던지다]
			M	mince[날씬한]	
			N	nécessaire[필요한]	
			P	pièce[동전, 방]	place[광장, 자리]
				prononcer[발음하다]	pince[쪽집게]
			R	recevoir[받다]	
			S	silence[침묵]	
			V	vacances[휴가, 방학]	
		+i	A	accident[사고]	acier[강철]
			C	ciel[하늘]	cinéma[영화, 극장]
				cinq[5]	cinquante[50]
			D	décider[결심하다]	délicieux[맛있는]
				difficile[어려운]	
			E	exercice[연습]	
			F	facile[쉬운]	
			I	ici[여기에]	
			M	malice[악의]	médecin[의사]
			R	remercier[감사하다]	
			V	voici[여기에]	

<table>
<tr><td rowspan="33">c</td><td rowspan="33">[k]</td><td rowspan="6">+a</td><td rowspan="5">C</td><td>cacher[감추다]</td><td colspan="2">cadeau[선물]</td></tr>
<tr><td>café[커피]</td><td colspan="2">cahier[공책]</td></tr>
<tr><td>campagne[교외]</td><td colspan="2">capitale[수도]</td></tr>
<tr><td>carte[지도]</td><td colspan="2">casser[깨다]</td></tr>
<tr><td colspan="3">cassette[카세트]</td></tr>
<tr><td>V</td><td colspan="3">vacances[방학]</td></tr>
<tr><td rowspan="18">+o</td><td>A</td><td>accompagner[동반하다]</td><td colspan="2">l'accord[동의]</td></tr>
<tr><td>B</td><td colspan="3">beaucoup[많이]</td></tr>
<tr><td rowspan="12">C</td><td>comme[-처럼]</td><td colspan="2">commencer[시작하다]</td></tr>
<tr><td>comprendre[이해하다]</td><td colspan="2">composer[구성하다]</td></tr>
<tr><td>conduire[운전하다]</td><td colspan="2">connaître[알다]</td></tr>
<tr><td>conseiller[충고하다]</td><td colspan="2">construire[건설하다]</td></tr>
<tr><td>content[만족한]</td><td colspan="2">continuer[계속하다]</td></tr>
<tr><td>conversation[대화]</td><td colspan="2">cochon[돼지]</td></tr>
<tr><td>coréen[한국의]</td><td colspan="2">se coucher[잠자리에 들다]</td></tr>
<tr><td>couleur[색깔]</td><td colspan="2">couper[자르다]</td></tr>
<tr><td>courage[용기]</td><td colspan="2">courir[달리다]</td></tr>
<tr><td>court[짧은]</td><td colspan="2">cousin[사촌]</td></tr>
<tr><td>cours[수업]</td><td colspan="2">couteau[칼]</td></tr>
<tr><td colspan="3">coûter[비용이 들다]</td></tr>
<tr><td rowspan="2">E</td><td>école[학교]</td><td colspan="2">écouter[듣다]</td></tr>
<tr><td colspan="3">encore[아직도, 또, 다시]</td></tr>
<tr><td>R</td><td>raconter[이야기하다]</td><td colspan="2">rencontrer[만나다]</td></tr>
<tr><td>S</td><td colspan="3">second[두 번째의]</td></tr>
<tr><td rowspan="2">+u</td><td>C</td><td>cuillère[숟가락]</td><td colspan="2">cuisine[부엌]</td></tr>
<tr><td>E</td><td colspan="3">excuser[용서하다]</td></tr>
<tr><td rowspan="7">+자음
[h는
제외]</td><td rowspan="3">C</td><td>clair[명확한]</td><td colspan="2">classe[교실, 수업]</td></tr>
<tr><td>cravate[넥타이]</td><td colspan="2">crayon[연필]</td></tr>
<tr><td>croire[-을 믿다]</td><td>A</td><td>acteur[배우]</td></tr>
<tr><td>E</td><td>écrire[쓰다]</td><td colspan="2">exact[정확한]</td></tr>
<tr><td>M</td><td>mercredi[수요일]</td><td>D</td><td>dictionnaire[사전]</td></tr>
<tr><td>O</td><td colspan="3">octobre[10월] oncle[숙부]</td></tr>
<tr><td>S</td><td colspan="3">siècle[世紀] sucre[설탕]</td></tr>
</table>

2) ch

ch	[`]	+a	C	chaise[의자]	chambre[방]
				champ[밭]	chance[기회]
				changer[바꾸다]	chasser[사냥하다]
				chapeau[모자]	chat[고양이]
				chaud[더운]	
			E	enchanté[반가운]	
			G	gauche[왼쪽의]	
			P	prochain[다음의]	
		+o	C	chocolat[초코렛]	choisir[선택하다]
				chose[사물]	
		+e	A	acheter[-을 사다]	
			B	bouche[입]	
			C	cacher[감추다]	chemin[길]
				chemise[셔츠]	cher[비싼, 친애하는]
				chercher[찾다]	cheveu[머리카락]
				cocher[표시하다]	
			D	douche[샤워]	
			M	mâcher[깨물다]	marcher[걷다]
			P	poche[주머니]	
			R	riche[부유한]	
		+i	C	chien[개]	

3) ç

ç	[s]	+a	C	ça[이것, 저것]
			F	français[프랑스의]
		+0	G	garçon[소년]
			L	leçon[과, 수업]

4) g

G	[g]	+a	G	gagner[벌다, 이기다]	garçon[소년]
				garder[지키다]	gare[기차역]
				gâteau[케익]	gauche[왼쪽의]
			M	magasin[상점]	
			R	regarder[쳐다보다]	
		+o	G	gobelet[물컵]	
		+u	B	baguette[바게뜨]	
			F	fatigué[피곤한]	
			G	guerre[전쟁]	guide[안내자]
			L	langue[언어]	légume[야채]
		+자음	A	agréable[쾌적한]	anglais[영국의, 영어]
			E	église[교회]	
			G	glace[아이스크림]	grand[큰]
				grand-père[할아버지]	grand-mère[할머니]
				grave[심각한]	gris[회색의]
				gros[뚱뚱한]	groupe[집단]
			P	programme[프로그램]	progrès[진보]
			R	regretter[후회하다]	
	[ʒ]	+e, i	A	âge[나이]	agent[경찰]
				argent[돈]	
			C	cage[우리]	courage[용기]
			D	dommage[유감스러운]	
			E	étage[층]	étranger[외국인의]
			F	fromage[치즈]	gorge[목]
			M	manger[먹다]	
			N	nager[헤엄치다]	
			P	page[페이지]	
			R	réfrigérateur[냉장고]	rouge[붉은색의]
			V	village[마을]	visage[얼굴]

2) 연 독

연음은 특히 구어 (langue parlée)에서 두드러지는 현상으로서 두 개의 단어 사이에서 앞 단어 마지막 철자가 자음이고 뒷 단어의 첫 철자가 모음이거나 발음되지 않은 h의 경우 앞 단어 마지막 발음되지 않는 자음이 소리가 나는 것을 말한다. 이때 몇몇 자음들은 소리가 변한다.

d	ㄸ	grand‿homme[그렁 똠므]	grand‿hôtel[그렁또뗄]
s, x	ㅈ	les‿amis[레자미]	deux‿avions[두자비옹]
f	ㅂ	neuf‿heures[네베르]	

① 연독을 해야만 하는 경우

한정사와 명사	cet‿hôtel	ses‿amis
형용사와 명사	les petites‿idées	le grand‿oiseau
인칭대명사와 동사	Elles‿ont un chat.	Vous‿êtes professeur?
전치사와 명사(군)	dans‿une église	
부사와 형용사	très‿important	très‿heureux

② 연독을 해서는 안 되는 경우

명사군+동사	Ce garçon adore le football.	Son cousin est gentil.
고유명사+동사	Paris est une belle ville.	Laurent aime sa fille.
Et, oui와 함께	L'idée est intéressante et utile.	Mais oui.
유음의 h	très haut	

➲ et의 경우 앞에 있는 요소와 연독되는 경향이 있다 : vingt‿et un [21]

➲ 의문문의 경우, 특별한 규칙보다는 관습에 따른다.

연독을 하는 경우	Comment allez-vous?	Quand est-ce que tu pars?
연독을 안 하는 경우	Comment est-il?	

연습문제

01. 다음 단어들의 발음을 듣고 발음되지 않는 철자에 표시를 하시오.

1)	printemps	11)	nuit
2)	aimer	12)	trop
3)	petit	13)	sot
4)	moment	14)	point
5)	étudiant	15)	hôtel
6)	grand	16)	automne
7)	coup	17)	fort
8)	sous	18)	mauvais
9)	roux	19)	riz
10)	nez	20)	beaucoup

02. 다음 단어들 중, 같은 철자지만 상황에 따라 묵음이 되는 경우와 발음이 되는 경우가 있다. 발음을 듣고 이들을 구분하시오.

1)	fort (　　)	adulte (　　)	5)	pont (　　)	baptême (　　)
2)	bord (　　)	sud (　　)	6)	clef (　　)	neuf (　　)
3)	bois (　　)	fils (　　)	7)	doux (　　)	six (　　)
4)	assez (　　)	jazz (　　)	8)	blanc (　　)	sac (　　)

03. 다음 문장들을 잘 듣고 발음이 되지 않는 철자 아래 밑줄을 그으시오.

1) Il vient chez nous ce soir.
2) Il habite au bord de la mer.
3) Le chat est sous la table.
4) Elle part très tard.
5) Mon père lit le journal.

6) Nous allons regarder la télé.
7) Vous avez des enfants?
8) Tu veux du café?
9) J'aime Marie depuis longtemps.
10) Il est heureux de voir son amie.

04. 다음 중 발음이 나지 않는 철자에 표시하면서 문장을 받아쓰시오.

1) Il est ( ) en français.	C'est un film pour ( ).
2) Il habite au ( ) de la mer.	Il pleut dans le ( ).
3) Il a une jambe de ( ).	Son ( ) est médecin.
4) J'ai ( ) mangé.	Je n'aime pas le ( ).
5) Vous traversez le ( ).	Mon bébé va recevoir le ( ).
6) J'ai laissé ma ( ) à la maison.	Mon ordinateur est tout ( ).
7) Il est ( ) comme un agneau.	Nous sommes ( ).
8) C'est un vin ( ).	Quelqu'un a volé mon ( ).

05. 다음 중 발음이 나지 않는 철자를 표시하면서 문장을 받아쓰시오.

1) Il y a beaucoup de fleurs au (   ).
2) Il commence à (   ) son nouveau voisin.
3) Xavier est plus (   ) que moi.
4) Attendez un (   ), s'il vous plaît!
5) C'est un (   ) travailleur.
6) Il ya un (   ) arbre dans le jardin.
7) J'attends un (   ) de téléphone.
8) Il y a un chat (   ) la table.
9) Elle a de (   ) yeux.
10) Elle parle du (   ).
11) Je n'ai pas dormi toute la (   ).
12) J'ai mal au ventre parce que j'ai (   ) mangé.
13) C'est un (   ) en trois lettres.
14) J'ai dix (   ) sur vingt.
15) La poste est devant l' (   ).
16) Il fait beau en (   ).

COMPRÉHENSION ORALE

Partie 3

관 사

1

정관사 (l'article défini)

남성단수앞	**le**	le père[아버지]	le frère[형제]
여성단수앞	**la**	la mère[어머니]	las oeur[자매]
모음(a, e, I, o, u), 묵음의 h	**l'**	l'ami[남자친구]	l'hôtel[호텔]
남, 여복수	**les**	les étudiants[학생들]	les femmes[여인들]

남성단수 앞	여성단수 앞	남, 여성복수 앞
un	une	des

2

부정관사

부정관사	C'est+부정관사+명사	C'est une chaise. 그것은 의자다.
	Il y a+부정관사	Il y a un livre sur la table. 책상 위에 책이 한 권 있다.
정관사	한정되는 명사 앞	C'est le livre de Paul. 이것은 뽈의 책이다.
	기호도(aimer)동사 다음	J'aime le sport. 난 운동을 좋아해

연습문제

01. 정관사 + 보통명사 : 단수 le [lə]와 복수 les [le]를 구분하여 표시하시오.

	단수(le)	복수(les)		단수(le)	복수(les)
1)			14)		
2)			15)		
3)			16)		
4)			17)		
5)			18)		
6)			19)		
7)			20)		
8)			21)		
9)			22)		
10)			23)		
11)			24)		
12)			25)		
13)			26)		

02. 부정관사 남성 단수 (un [œ̃])와 여성 단수 (une [yn])의 구분하여 표시하시오.

	남성단수(un)	여성단수(une)		남성단수(un)	여성단수(une)
1)			14)		
2)			15)		
3)			16)		
4)			17)		
5)			18)		
6)			19)		
7)			20)		
8)			21)		
9)			22)		
10)			23)		
11)			24)		
12)			25)		
13)			26)		

COMPRÉHENSION ORALE

Partie 4

국적 및 직업

1

국 적

국 가	국 민		국 가	국 민	
	Masculin	Féminin		Masculin	Féminin
Allemagne [독일]	allemand	allemande	Angleterre [영국]	anglais	anglaise
Belgique [벨기에]	belge		Chine [중국]	chinois	chinoise
Corée [한국]	coréen	coréenne	États-Unis [미국]	américain	américaine
France [프랑스]	français	française	Grèce [그리스]	grec	grecque
Italie [이탈리아]	italien	italienne	Japon [일본]	japonais	japonaise
Suède [스웨덴]	suédois	suédoise	Espagne [스페인]	espagnol	espagnole
Danemark [덴마크]	sanois	danoise	Tunisie [튀니지]	tunisien	tunisienne
Israël [이스라엘]	israélien	israélienne	Vietnam [베트남]	vietnamien	vietnamienne

2

직 업

acteur(trice) 배우	musicien(ne) [음악가]	vendeur(se) [판매인]
avocat(e) [변호사]	journaliste[기자]	professeur[교사, 교수]
médecin[의사]	infirmier(ère) [간호사]	pharmacien(ne) [약사]
plombier[세관공]	coiffeur(se) [이발사]	chauffeur[운전기사]
écrivain[작가]	artiste[예술가]	secrétaire[비서]
jardinier(ère) [정원사]	commerçant(e) [상인]	étudiant(e) [대학생]
hôtesse de l'air[스튜디어스]		

연습문제

01. 다음 문장을 듣고, 빈칸에 해당하는 국적을 나타내는 단어를 적으시오.

	남성(masculin)	여성(féminin)
1)	Il est________	Elle est________
2)	Jean est________	Marie est________
3)	Mon ami est________	Son amie est________
4)	Mon père est________	Ma mère est________
5)	Pierre est________	Yves est________
6)	Son frère est________	Sa sœur est________
7)	Mon oncle est________	Ma tante est________
8)	Je suis________	Je suis________
9)	Mon neveu est________	Ma nièce est________
10)	Son fils est________	Sa fille est________
11)	Son mari est________	Sa femme est________

02. 다음 문장을 듣고 빈칸에 직업을 나타내는 명사를 보기에서 고르시오.

1) Il est ________
a) coiffeur　b) journaliste　c) étudiant　d) chauffeur

2) Elle est ________
a) danseuse　b) chanteuse　c) comédienne　d) professeur

3) Il est ________
a) aviateur　b) acteur　c) directeur　d) docteur

4) Elle est ________
a) musicienne　b) infirmière　c) pharmacienne　d) artiste

5) Il est ________
a) commerçant　b) boulanger　c) plombier　d) garagiste

03. 다음 문장을 듣고 직업을 나타내는 명사들을 빈칸에 채우시오.

남성(masculin)	여성(féminin)
1) Il est______________	Elle est____________
2) Jean est____________	Marie est__________
3) Mon ami est________	Son amie est_______
4) Mon père est________	Ma mère est________
5) Pierre est__________	Sylvie est_____________
6) Son frère est________	Sa sœur est________
7) Mon oncle est_______	Ma tante est________
8) Je suis_____________	Je suis_____________
9) Mon neveu est______	Ma nièce est________
10) Son fils est_________	Sa fille est__________
11) Son mari est________	Sa femme est_______

04. 다음은 소개하는 글이다. 내용을 듣고 빈칸에 알맞은 단어를 보기에서 찾으시오.

1)	
2)	
3)	

➲ Umberto est ________
a) professeur b) étudiant c) peintre d) chauffeur

➲ Pierre habite à ________
a) Paris b) Marseille c) Nice d) Montpellier

➲ Pierre est ________________
a) français b) américain c) italien d) grec

➲ Marie est ___________
a) infirmière b) pharmacienne
c) étudiante d) coiffeuse

➲ Marie travaille à ________
a) la pharmacie b) la bibliothèque
c) l'hôpital d) la maison

2) [s] 소리가 나는 자음들

[s]	c+e, i	ceci[이것]	cela[저것]	ciel[하늘]
	모음+s+모음을 제외한 s	sac[가방]	samedi[토요일]	stylo[만년필]
	ç	ça[이것]	garçon[소년]	

3) [z] 소리가 나는 자음들

모음+s+모음			
z	[O]	onze[11]	seize[16]
	[T]	treize[13]	
	[Z]	zéro[0]	
x	[D]	deuxième[두 번째의]	

➲ x의 경우 발음이 다양하다

[s] : dix [10] soixante [60]

[gz] : ex + 모음 : exact [정확한] examen [시험]

요 약

a)

c	+a, o, u	[k]	café[카페]	coréen[한국인]	cuisine[부엌]
	+자음		classe[교실]	croire[믿다]	
	+e, i	[s]	certain[확실한]	cinéma[극장]	
ç	+모음		ça[이것]	garçon[소년]	
ch	+모음	[ʃ]	chat[고양이]	chien[개]	chose[사물]

b)

g	+a	[g]	gagner[벌다]	gare[기차역]
	+o		gorge[목]	
	+u		guide[안내인]	guerre[전쟁]
	+자음		glace[아이스크림]	grand[키가 큰]
	+e, i	[ʒ]	gens[사람들]	gentil[친절한]

c)

s	[z]	모음+s+모음
	[s]	그밖의 경우

06. 다음 문장을 듣고 연음이 되는 곳에 표시를 하시오.

ex) Il‿aime Marie.

1) C'est une chanteuse.
2) Ils arrivent de la gare.
3) Elles invitent des amis chez elles.
4) Mes amis sont tes amis.
5) Ils ont une maison à la campagne.
6) Il est neuf heures
7) Comment allez-vous?
8) Quand il pleut, il faut préparer un parapluie.
9) Ils habitent dans un quartier chic.
10) Qui est à l'appareil?
11) Ce sont des étudiants.
12) Cet endroit est très agréable.
13) Vous êtes trop aimable!
14) Vous aimez la musique classique?
15) Ce n'est pas important!
16) Vous allez où?
17) Ils habitent en France.
18) Au marché, ils achètent des pommes.
19) Il monte dans une voiture.
20) Il y a un homme dans la rue.
21) Il se promène avec un chien.
22) Nous entendons un bruit bizarre.
23) Cet homme est très gentil.
24) Il est difficile de vivre sans argent.
25) Ils apprennent le français.
26) C'est une amie à moi.
27) J'aime bien cette ambiance.
28) Elle a très envie d'avoir cette bague.
29) Cet hôtel est trop cher.
30) Je vous demande des explications.

COMPRÉHENSION ORALE

Partie 5

명 사

1

명사의 성

1) -로 끝나면 여성, 그렇지 않으면 남성이다.

남 성	**un**	étudiant[학생] cahier[공책] stylo[만년필] crayon[연필]
		sac[가방] examen[시험] livre[책] lycée[고등학교]
여 성	**une**	école[학교] table[책상] classe[교실] chaise[의자]
		note[점수] bibliothèque[도서관] université[대학교]

2) 여성형 만들기

		남 성	여 성	남 성	여 성
	+-e	ami[친구]	amie	étudiant[학생]	étudiante
-on	**-onne**	lion[사자]	lionne	espion[간첩]	espionne
-(i)en	**-(i)enne**	chien[개]	chienne	gardien[경비원]	gardienne
-f	**-ve**	veuf[홀아비]	veuve	fugitif[도망자]	fugitive
-x	**-se**	époux[남편]	épouse		
-teur	**-teuse**	chanteur[가수]	chanteuse	danseur[무용가]	danseuse
	-trice	acteur[배우]	actrice	directeur[책임자]	directrice

3) 남성형과 여성형의 형태가 다른 것들

남 성	여 성	남 성	여 성
homme[남자]	femme[여자]	garçon[소년]	fille[소녀]
père[아버지]	mère[어머니]	fils[아들]	fille[딸]
frère[형제]	sœur[자매]	oncle[삼촌]	tante[숙모]
neveu[조카]	nièce[여조카]	roi[왕]	reine[여왕]
coq[수탉]	poule[암탉]	papa[아빠]	maman[엄마]

2
명사의 수

1) 단수에다 -s를 붙이면 된다

	단 수	복 수	단 수	복 수
+-s	enfant[어린아이]	enfants	copain[친구]	copains
	train[기차]	trains	voiture[자동차]	voitures

2) 단수 명사의 어미가 -s, -x, -z로 끝나면 복수에서 변하지 않는다.

	단 수	복 수
-s	un fils[아들]	des fils
-x	une voix[목소리]	des voix
-z	un nez[코]	des nez

3) 어미에 변화를 겪는 명사들

		단 수	복 수	단 수	복 수
-au	+-x	un cadeau[선물]	des cadeaux	gâteau[케익]	gâteaux
-eau		unc hapeau[모자]	des chapeaux	eau[물]	eaux
-eu		un cheveu[머리카락]	des cheveux	feu[불]	feux
-ou	+-s	unt rou[구멍]	des trous	clou[못]	clous
-al	-aux	un cheval[말]	des chevaux	journal[신문]	journaux

➲ -ou → -oux

un bijou [보석] → des bijoux
un genou [무릎] → des genoux

연습문제

01. 다음 단어들을 듣고 성을 구분하시오.

	M	F	M, F		M	F	M, F
1)				8)			
2)				9)			
3)				10)			
4)				11)			
5)				12)			
6)				13)			
7)				14)			

02. 다음을 듣고 빈칸에 알맞은 형태를 써넣으시오.

	S	P		S	P
1)	un ami	des________	6)	un travail	des________
2)	un________	des animaux	7)	un________	des hôpitaux
3)	un chapeau	des________	8)	une maison	des________
4)	un________	des cheveux	9)	un________	des chevaux
5)	un pays	des________	10)	un journal	des________

03. 다음을 듣고 단수와 복수의 형태를 구분하시오.

	S	P
1)		
2)		
3)		
4)		
5)		
6)		
7)		

	S	P
8)		
9)		
10)		
11)		
12)		
13)		
14)		

04. 다음 발음을 듣고 복수형이 잘못된 것을 고치시오.

1)	cheval	chevals	
2)	festival	festivaux	
3)	vitrail	vitrails	
4)	détail	détaux	

5)	madame	madames	
6)	œil	œils	
7)	monsieur	monsieurs	
8)	bal	baux	

COMPRÉHENSION ORALE

Partie 6

avoir, être

1

avoir

	주어	**avoir**		주어	**avoir**
1인칭 단수	j'	ai	**1**인칭 복수	nous	avons
2인칭 단수	tu	as	**2**인칭 복수	vous	avez
3인칭 단수	il, elle	a	**3**인칭 복수	ils, elles	ont

① ~을 가지고 있다

A : Combien d'enfants avez-vous?
자식이 몇 명입니까?

B : J'en ai deux.
두 명입니다.

② 나이

A : Quel âge avez-vous?
당신 몇 살이죠?

B : J'ai 45 ans.
45살입니다.

③ +무관사 명사

A : J'ai faim.
나는 배가 고파.

B : Qu'est-ce que tu veux manger?
너 뭐 먹고 싶니?

④ il y a

A : Il y a un livre sur la table. C'est à toi?
책상 위에 책이 한권 있어. 네 거니?

B : Non, c'est le livre de mon ami.
아니, 내 친구의 책이야

2

être

	주 어	**être**		주 어	**être**
1인칭 단수	je	suis	**1**인칭 복수	nous	sommes
2인칭 단수	tu	es	**2**인칭 복수	vous	êtes
3인칭 단수	il, elle	est	**3**인칭 복수	ils, elles	sont

① -이 있다

La voiture est au garage.
자동차가 차고에 있다.

② -이다

Il est médecin.
그는 의사다.

③ 전치사와 함께

Cette maison est à moi.
이 집은 내 것이다.

④ C'est

C'est un livre. 이것은 책이다.

C'est elle que je cherche. 내가 찾는 것은 그녀이다.

연습문제

01. 다음 문장을 잘 듣고 다음 빈칸에 들어갈 avoir 형태를 적으시오.

1) Tu ( ) quel âge?
2) J' ( ) une voiture.
3) Ils ( ) une maison à Paris.
4) On ( ) trois chiens.
5) Nous ( ) un rendez-vous avec Marie.
6) Vous ( ) des frères?
7) Combien d'enfants ( )-tu?
8) Il ( ) 50 ans.

02.

1) Il ( ) deux chats.
2) Tu ( ) des disques de Patricia Kaas?
3) Il y ( ) un livre sur la table.
4) Combien d'enfants ( )-vous?
5) J'( ) trois jours de congé.
6) Il ( ) un bel avenir devant lui.
7) Ma mère a ( ) 76 ans.
8) Nous ( ) un ami français.

03. 다음 문장을 잘 듣고 문맥에 따라 avoir의 a, as와 전치사 à를 써넣으시오.

1) Il ( ) des sœurs ( ) Nice.
2) Elle a un travail ( ) Paris, et son mari travaille ( ) Rome.
3) Pierre ( ) un billet de match de tennis ( ) Bercy.
4) Tu ( ) un chien et lui, il ( ) un chat.
5) Mon père ( ) une maison ( ) la campagne.
6) Il y ( ) beucoup de monde ( ) l'Hôtel de Ville.
7) On ( ) rendez-vous ( ) 10 heures ( ) la gare.
8) Tu ( ) quelque chose ( ) me donner?

04. 다음 문장을 잘 듣고 빈칸에 들어갈 être의 형태를 쓰시오.

1) Je ( ) coréen.
2) Nous ( ) devant l'église.
3) Tu ( ) étudiant?
4) Elle ( ) journaliste et lui, il ( ) chanteur.
5) Ils ( ) très sympas, n'( )-ce pas?
6) Vous ( ) où?
7) Pierre et Marie ( ) à la bibliothèque.
8) ( )-vous content?

05. 다음 문장을 잘 듣고 빈칸에 들어갈 être의 형태를 쓰시오.

1) Ils ( ) japonais? Non. Ils ( ) chinois.
2) Où ( ) Paul? Il ( ) chez une amie.
3) Qu'( )-ce quec' ( )? C'( ) un cahier.
4) ( )-tu content?
5) Nous ( ) étudiants.
6) ( )-ce qu'il ( ) malade?
7) Marie ( ) hôtesse de l'air.
8) C'( ) un grand menteur.

06. 다음 문장을 듣고 빈칸에 est, et, es, ai 중 알맞은 것을 골라 쓰시오.

1) Il ( ) docteur, ( ) elle, elle ( ) pharmacienne
2) Marie ( ) à Paris ( ) Paul ( ) à Lyon.
3) Tu ( ) gentil ( ) sympa.
4) Je travaille à la banque, ( ) toi?
5) J' ( ) une voiture ( ) Paul a une moto.
6) Il ( ) japonais? Oui, c'( ) vrai japonais.

07. 다음을 듣고 빈칸을 채우시오.

1) Monsieur Kim ( ) quarante-deux ans. Il ( ) coréen.
2) Il ( ) professeur de français. Il travaille ( ) l'université.
3) Il ( ) marié et sa femme s'appelle Marie.
4) Elle ( ) quarante ans. Elle ( ) aussi professeur de français.
5) Pierre ( ) Marie ( ) deux enfants; un garçon et une fille.
6) Le garçon, Xavier ( ) 17 ans, il ( ) lycéen.
7) La fille, Juliette ( ) 14 ans, elle ( ) collégienne.
8) Ils ( ) une maison ( ) la campagne ( ) ils ( ) très heureux.

COMPRÉHENSION ORALE

Partie 7

주어인칭대명사와 강세인칭대명사

1

주어인칭대명사

1인칭단수	je[나는]		1인칭복수	nous[우리는]	
2인칭단수	tu[너는]		2인칭복수	vous[당신, 너희가]	
3인칭단수	il[그는]	elle[그녀는]	3인칭복수	ils	elles

2

강세인칭대명사

1) 형 태

	주 어		강 세			주 어		강 세	
1. Sg	Je		Moi		**1. Pl**	Nous		Nous	
2. Sg	Tu		Toi		**2. Pl**	Vous		Vous	
3. Sg	Il	Elle	Lui	Elle	**3. Pl**	Ils	Elles	Eux	Elles

2) 용 법

- 주어 앞에 쓰여서 주어를 강조

Moi, je prends du café. Et toi, tu prends quoi?
나는 커피 마실거야. 너는 뭐 마실거니?

- et, ou와 함께

Paul et moi, nous allons au cinéma.
뽈하고 나는 극장에 간다.

- 전치사와 함께

Il travaille avec moi. 그는 나와 함께 일한다.
Il va venir chez moi. 그는 내 집에 올 거야.

- C'est 다음

C'est toi qui as raison. 옳은 것은 너야.

- 답변으로 홀로 쓰인다

Qui va partir? 누가 떠날거니?
Moi. 나.

연습문제

01. 다음을 듣고 알맞은 인칭대명사를 쓰시오.

1) (   ) ont un garçon et une fille.
2) (   ) avons une belle maison.
3) (   ) avez un chien?
4) (   ) as un appartement?
5) (   ) a 45 ans.
6) (   ) ai mal à la tête.

02. 다음을 듣고 빈칸을 채우시오.

1) (   ) êtes pharmacien? → Oui, (   ) suis pharmacien.
2) (   ) as mal au ventre? → Oui, j' (   ) mal au ventre.
3) Vous (   ) fatigués? → Oui, nous (   ) fatigués.
4) (   ) êtes libre demain? → Oui, je (   ) libre demain.
5) Vous (   ) des animaux? → Oui, (   ) avons des animaux.

03. 다음을 듣고 주어인칭대명사와 avoir 또는 être와 함께 쓰시오.

1) (   ) (   ) infirmière, madame?
2) (   ) (   ) étudiants?
3) (   ) (   ) une voiture, Monsieur Durand?
4) (   ) (   ) un stylo, maman?
5) (   ) (   ) beau, mon chéri.
6) (   ) (   ) un beau sourire, Marie.

04. 문장을 듣고 알맞은 형태의 주어와 강세인칭대명사를 쓰시오.

1) ( ), ( ) 'achète ce livre, et ( ), ( ) achètes ce cahier.

2) Paul et ( ), ( ) allez au cinéma?

3) Ils m'ont invité chez ( ).

4) Il travaille avec ( ).

5) C'est ( ) qui a raison.

6) ( ), ( ) suis français. ( ), ( ) es italien?

7) ( ), ( ) a une fille. Et ( ), ( ) as aussi une fille?

8) ( ), ( ) a 45 ans. Et ( ), ( )'( ) 46 ans.

9) ( ), ( ) sont médecins. Et ( ), ( ) êtes infirmières?

10) ( ), ( ) sommes acteurs. Et ( ), ( ) êtes chanteuses?

COMPRÉHENSION ORALE

Partie 8

형용사와 대명사

1

품질 형용사

1) 품질형용사의 성

		남 성	여 성	남 성	여 성
	+-e	grand[큰]	grande	petit[작은]	petite
-e	**-ère**	cher[비싼]	chère	fier[자만하는]	fière
-on	**-onne**	bon[좋은]	bonne	mignon[귀여운]	mignonne
-f	**-ve**	vif[생생한]	vive	actif[활동적인]	active
-x	**-se**	affreux[끔찍한]	affreuse	ambitieux[야망의]	ambitieuse
-eau	**-elle**	beau[아름다운]	belle	nouveau[새로운]	nouvelle
(i)en	**(i)enne**	ancien[오랜]	ancienne	coréen[한국의]	coréenne

2) 품질형용사의 수

① 일반적으로 단수 + -s이다

	단 수	복 수	단 수	복 수
+-s	grand hôtel	grands hôtels	petit enfant	petits enfants
	table ronde	tables rondes	fille mignonne	filles mignonnes

② 어미의 변화를 겪는 형용사들

		단 수	복 수	단 수	복 수
-a1	**-aux**	signe amical	signes amicaux	parc national	parcs nationaux
-eau	**-eaux**	filmn ouveau	films nouveaux		

③ 품질형용사의 위치

un beau sourire[아름다운 미소]	une jolie robe[예쁜 치마]
un petit chien[조그마한 개]	une grande maison[큰 집]
une grosse femme[뚱뚱한 부인]	une mauvaise idée[잘못된 생각]
un nouveau voisin[새로운 이웃]	un vieux chat[늙은 고양이]

☑ 명사 앞에 위치하는 형용사들 : 비교적 짧은 형용사들

☑ 위치에 따라 뜻이 달라지는 형용사들

ancien	un ancien lycée[이전, 오래된 고등학교]	un meuble ancien[오래된 가구]
cher	cher ami[친애하는 친구]	un livre cher[비싼 책]
grand	un grand homme[위대한 사람]	un homme grand[키가 큰 남자]
jeune	un jeune professeur[신임 선생]	un professeur jeune[젊은 선생]
pauvre	une pauvre femme[가련한 여인]	une femme pauvre[가난한 여인]
propre	mon propre argent[내 소유의 돈]	une robe propre[깨끗한 치마]
seul	un seul enfant[독자]	un enfant seul[홀로 된 아이]

연습문제

01. 다음 형용사들을 듣고 빈칸에 채워 넣고, 남성과 여성을 구분하시오.

		M	F			M	F
1)				11)			
2)				12)			
3)				13)			
4)				14)			
5)				15)			
6)				16)			
7)				17)			
8)				18)			
9)				19)			
10)				20)			

02. 다음 발음을 듣고 빈칸에 알맞은 형태를 써넣으시오.

	M	F		M	F
1)	français		8)	vieux	
2)		gentille	9)		grosse
3)	nouveau		10)	long	
4)		neuve	11)		blanche
5)	heureux		12)	beau	
6)	complet		13)		active
7)		bonne	14)	bas	

03. 다음 문장을 듣고, 빈칸에 알맞은 형용사의 형태를 써 넣으시오.

1) C'est une maison (　　).
2) C'est la (　　) chance pour toi.
3) Je suis (　　) de vous connaître.
4) Ils sont (　　) de ce résultat.
5) Cette robe coûte trop (　　).
6) Paul est un (　　) étudiant.
7) Ce gâteau est (　　).
8) Il a les cheveux (　　).
9) Il faut céder la place à la (　　) femme.
10) Cette table est (　　).

04. 다음 문장을 듣고 잘못된 형용사의 형태를 올바로 고쳐 쓰시오.

1) Il est coréenne, mais sa femme est japonais.
2) L'eau est chaud.
3) Cet appartement est trop ancienne.
4) Elle est trop mignon!
5) Il est belle, mais un peu petite.
6) Il est gentil et sa fille est beau.
7) Elle a un caractère très doux.
8) Cette voiture est toute neuf.
9) Je voudrais de l'eau fraîs.
10) Elle est un peu fou.

05. 다음 문장을 듣고 적은 후에 주어가 남성인지 여성인지를 구분하시오.

		M	F
1)			
2)			
3)			
4)			
5)			
6)			
7)			
8)			

06. 다음을 듣고 ( )에 들어갈 형용사의 복수형태를 쓰시오.

1) Ces chaises sont ( ).
2) Ils mettent de ( ) costumes.
3) Nous cherchons des endroits ( ).
4) Vous voulez des repas ( )?
5) Ce sont de ( ) amis.
6) Anne et Patrick sont ( ).
7) Elles sont ( ) d'être venues ici.
8) Ce sont des affaires ( ).
9) Il sont vraiment ( ).
10) Nous sommes ( ) comme l'air.

07. 형용사의 수에 주의하면서 다음 문장을 듣고 받아쓰시오.

1) ....
2) ....
3) ....
4) ....
5) ....
6) ....
7) ....
8) ....
9) ....
10) ....

2

지시 형용사와 지시 대명사

1) 지시형용사

① 형 태

남성단수	모음, 묵음의 **h**의 남성단수	여성단수	남, 여 복수
ce	cet	cette	ces

② 용 법

☑ 사람 또는 사물을 지칭할 때

Cet enfant aime ce gâteau. 이 아이는 이 케익을 좋아한다.

☑ 앞에서 이미 언급되었던 명사를 되풀이하거나 앞으로 언급할 명사 앞

Tu connais l'homme sur la photo? 너 사진 속에 남자를 아니?
Cet homme? C'est mon père. 이 남자? 내 아버지셔.
Écoutez cette histoire. 이 이야기를 들어봐.

2) 지시대명사

① 형 태

단 수		복 수		중성
남 성	여 성	남 성	여 성	ça
celui	celle	ceux	celles	cela

② 용 법

☑ 소유

Cette voiture est à qui? 이 자동차 누구 꺼니?
C'est celle de Jean. 그거는 장의 것이야.

☑ ~ci는 가까이 있는 것, ~là는 먼 곳에 있는 것을 나타낸다.

Celui-ci coûte plus cher que celui-là. 이것이 저것보다 더 비싸.

➲ 중성형 (ça)

cela의 구어체적 표현이다.

Qu'est-ce que c'est que ça? 이게 도대체 뭐야?

연습문제

01. 다음을 듣고 빈칸에 알맞은 지시형용사의 형태를 쓰시오.

1) (　　　) garçon	7) (　　　) hommes
2) (　　　) fille	8) (　　　) histoire
3) (　　　) hôtel	9) (　　　) appartement
4) (　　　) étudiant	10) (　　　) ordinateurs
5) (　　　) oiseau	11) (　　　) livre
6) (　　　) femme	12) (　　　) tables

02. 다음 문장을 듣고, 지시형용사 중 틀린 것을 고치시오.

1) Je veux acheter ce voiture.
2) Cette ordinateur marche bien?
3) J'adore ce ville.
4) Il n'y a pas beaucoup de monde à cet heure-ci.
5) Tu me prêtes cette disque?
6) À qui est ce maison?
7) Cet autobus ne vient jamais à l'heure.
8) Ça coûte combien, cette collier?
9) Je déteste cet actrice.
10) Comment s'appelle-t-elle, cette jeune fille?

03. 다음 문장을 듣고 받아쓰시오.

1)
2)
3)
4)
5)
6)

04. 다음을 듣고 빈칸에 알맞은 형태의 지시대명사를 쓰시오.

1) Cette maison est à qui? C'est ( ) de mon père.
2) Tu veux ce gâteau? Non, je préfère ( )-là.
3) Tu veux ( )? Oui, merci.
4) Ces chiens sont à toi? Non, ce sont ( ) de mon voisin.
5) Vous aimez ces photos? Non, je préfère ( )-là.

05. 다음을 듣고 알맞은 지시형용사와 대명사를 쓰시오.

1) Toi, tu achètes ( ) vin. Moi, j'achète ( ).
2) Vous prenez ( ) chaise. Moi, je prends ( ).
3) Tu aimes ( ) disque? Moi, j'adore ( ).
4) Ma femme veut acheter ( ) maison, mais je veux acheter ( ).

3

소유형용사와 소유대명사

1) 소유 형용사

① 형 태

	남성단수	모음, **h**의 여성 단수	여성단수	남, 여 복수
1인칭 단수	mon		ma	mes
2인칭 단수	ton		ta	tes
3인칭 단수	son		sa	ses
1인칭 복수	notre			nos
2인칭 복수	votre			vos
3인칭 복수	leur			leurs

② 용 법

☑ 소유의 의미를 나타낸다.

Paul a une voiture. 뽈은 차를 가지고 있다.
C'est la voiture de Paul. C'est sa voiture. 그것은 뽈의 차다.

2) 소유대명사

① 형 태

	단 수		복 수	
	남 성	여 성	남 성	여 성
moi	le mien	la mienne	les miens	les miennes
toi	le tien	la tienne	les tiens	les tiennes
lui, elle	le sien	la sienne	les siens	les siennes
nous	le nôtre	la nôtre	les nôtres	
vous	le vôtre	la vôtre	les vôtres	
eux, elles	le leur	la leur	les leurs	

② 용 법

소유대명사는 정관사 + mien, tien, ...으로 구성되어 있는데, 성과 수 그리고 인칭에 따라 형태가 변하며 반복을 피하기 위해 소유형용사가 선행하는 명사를 대체한다.

Voici mon livre et voilà le tien (=ton livre).
이것은 내 책이고 저것은 네 것이야 .
Où est ta voiture? 네 자동차는 어디에 있니?
La mienne est en panne. [=ma voiture)
내 것은 고장이 났어.

연습문제

01. 다음을 듣고 해당하는 소유형용사를 써넣으시오.

1) (　　) fils
2) (　　) mère
3) (　　) frères
4) (　　) sœur
5) (　　) cousin
6) (　　) nièce
7) (　　) tante
8) (　　) grand-père
9) (　　) petite-fille
10) (　　) mari
11) (　　) belle-mère
12) (　　) oncle

02. 다음 문장을 듣고 빈칸에 해당하는 소유형용사를 쓰시오.

1) Je te présente (　　) ami, Pierre.
2) Ce sont (　　) enfants?
3) Elle vend (　　) bicyclette.
4) (　　) chien n'aime pas (　　) chat.
5) Tu connais (　　) parents?
6) Nous habitons chez (　　) parents.
7) (　　) femme ne travaille pas aujourd'hui.
8) Tu cherches encore (　　) clés?
9) Je porte (　　) bagages dans (　　) chambre.
10) Nous rangeons (　　) affaires.

03. 다음을 듣고 빈칸에 해당하는 소유형용사를 보기에서 고르시오.

1)	C'est ( ) appareil-photo.	mon	ma	mes
2)	( ) femme travaille tard?	ton	ta	tes
3)	Il met ( ) livres sur la table.	son	sa	ses
4)	Nous invitons ( ) amis au dîner ce soir.	notre		nos
5)	Quelle est ( ) profession?	votre		vos
6)	Les étudiants aiment beaucoup ( ) professeur.	leur		leurs
7)	( ) petite amie adore la musique classique.	mon	ma	mes
8)	Tu donnes un cadeau à ( ) enfants?	ton	ta	tes
9)	Vous partez en vacances avec ( ) amis?	votre		vos
10)	Elles préparent ( ) examen.	leur		leurs

04. 다음 문장을 소유형용사에 주의하면서 받아쓰시오.

1)
2)
3)
4)
5)
6)
7)
8)
9)
10)

05. 다음을 듣고 해당하는 소유 대명사를 쓰시오.

1) Ton fils est grand, ( ) est petit.
2) Votre voiture est jaune, ( ) est rouge.
3) Votre mari est gentil, ( ) est sympathique.
4) Votre père est médecin, ( ) est professeur.
5) Vos enfants sont lycéens, ( ) sont étudiants.

06. 지시형용사, 소유형용사와 대명사에 유의하면서 다음 문장을 받아쓰시오.

1) (　　) chaise est à toi?　　Oui, c'est (　　).
2) (　　) stylos sont à Jean?　　Oui, ce sont (　　).
3) (　　) maison est à Marie?　　Oui, c'est (　　).
4) (　　) voiture est à vos parents?　　Oui, c'est (　　).
5) (　　) fils est lycéen et (　　) est étudiant.
6) (　　) maison est près de la gare mais (　　) est loin de la gare.
7) (　　) enfants travaillent bien à l'école. (　　) aussi?

4

의문형용사와 의문대명사

1) 의문형용사

① **형 태**

남성단수	여성단수	남성복수	여성복수
quel	quelle	quels	quelles

② **용법**

☑ 사람의 신원확인이나 사물의 특성을 나타낸다.

Quel âge avez-vous? 당신 나이가 몇이세요?
Quel temps fait-il aujourd'hui? 오늘 날씨가 어때요?
Quelle heure est-il? 몇시 입니까?

2) 의문대명사

① **형 태**

기 능	생 물	무생물
주 어	qui	
직접목적보어	qui	que / quoi
속 사	qui / que	que
전치사보어	전치사 + qui	전치사 + quoi

② **용 법**

☑ 주 어

Qui vient? 누가 오는데?
Qui reste à la maison? 누가 집에 남아있니?

☑ 주어의 속사

- 사람 : Qui êtes-vous? 당신은 누구십니까?
- 사물 : Qu'est-ce que c'est? 이것이 무엇입니까?

☑ 직접목적어

- 사람 : qui　　Qui voyez-vous? 당신 누구를 보십니까?
- 사물이나 동물 : que　　Que voyez-vous? 무엇을 보십니까?
  quoi　　Tu lui as dit quoi? 너 그에게 무엇을 말했니?

☑ 전치사 보어

- 사람이나 동물 : à qui, pour qui, avec qui, de qui
  Pour qui travaillez-vous? 누구를 위해 일하십니까?
  Avec qui chantez-vous? 누구와 함께 노래를 하십니까?
- 사물 : à quoi. avec quoi?
  A quoi penses-tu? 너 무엇에 대해 생각하니?

연습문제

01. 문장을 듣고 알맞은 의문형용사를 쓰시오.

1) (　　　) livre choisissez-vous?
2) (　　　) maison achetez-vous?
3) (　　　) film voulez-vous voir?
4) (　　　) amis invitez-vous?
5) (　　　) est votre nom?
6) (　　　) âge avez-vous?
7) (　　　) temps fait-il aujourd'hui?
8) (　　　) est votre nationalité?
9) (　　　) est votre adresse?
10) (　　　) heure est-il? [몇 시입니까?]

02. 다음을 듣고 빈칸을 채우시오.

1) (　　　)'est-ce que vous faites ici?
2) (　　　) voulez-vous prendre?
3) (　　　) est-ce?
4) Vous regardez (　　　)?
5) (　　　)'est-ce que c'est?
6) (　　　)'est-ce que vous buvez comme boisson?
7) (　　　)'est-ce que vous dites?
8) (　　　)'est-ce que vous achetez?

03. 다음을 듣고 의문형용사와 대명사에 유의하여 문장을 쓰시오.

1) ……………………………………

2) ……………………………………

3) ……………………………………

4) ……………………………………

5) ……………………………………

6) ……………………………………

7) ……………………………………

5

부정형용사와 부정대명사

1) ne 뒤

☑ ne - plus

Tu as encore de l'argent? 너 아직 돈이 있어?
Non, je n'ai plus d'argent. 아니, 더 이상 돈이 없어.

☑ ne - jamais

Tu travailles avec Paul? 너 뽈과 일을 하니?
Non, je ne travaille jamais avec lui.
아니, 나는 결코 그와 일을 하지 않아

☑ ne - aucun

Tu as confiance en Jean? 너 장을 신뢰하니?
Non, je n'ai aucune confiance en lui. 아니, 나는 전혀 그를 믿지 않아.

☑ ne - plus

Est-ce qu'il y a quelqu'un? 누가 있니?
Non, il n'y a personne. 아니, 아무도 없어

☑ ne - rien

Il mange quelque chose? 그가 무엇을 먹었니?
Non, il ne mange rien. 아니, 아무 것도 먹지 않아.

2) ne 앞

☑ aucun(e)

Aucun ne me plaît. 누구도 내 맘에 들지 않아.

Aucun d'entre vous ne peut pas sortir. 당신들 중 누구도 나갈 수 없어요.

☑ personne

Personne n'est parfait. 누구도 완벽하지 않다.

Personne ne le sait. 아무도 그것을 모른다.

☑ rien

Rien de plus intéressant que cela. 그 어떤 것도 이것보다 재미있지 않다.

연습문제

01. 문장을 듣고 빈칸에 알맞은 형태를 쓰시오.

1) Je n'ai ( ) d'ordinateur.
2) Il n'y a ( ) ici.
3) Je ne vois ( ).
4) Je ne bois ( ) de café.
5) Je n'ai ( ) place.
6) Je ne pense à ( ).
7) Je ne téléphone à ( ).

02. 부정적 표현에 유의하면서 문장을 받아쓰시오.

1)
2)
3)
4)
5)

03. 부정적 표현에 유의하여 문장을 받아쓰시오.

1)
2)
3)
4)
5)
6)

6

직 · 간접 목적보어 인칭대명사

1) 직접목적보어 인칭대명사

① **형 태**

		단 수	복 수
1인칭		me	nous
2인칭		te	vous
3인칭	남 성	le	les
	여 성	la	
		en	

② **용법**

☑ 직접목적보어 인칭 대명사는 항상 동사 앞에 위치한다.

Je regarde la télé. 나는 TV를 본다 → Je la regarde.
Je déteste le football. 나는 축구를 아주 싫어한다 → Je le déteste.

☑ me, te, nous, vous는 사람을 나타내는 반면, le, la, les는 사람 혹은 사물을 나타낸다:

Je te présente à Marie. [너를 마리에게 소개할께]
Tu connais Jean? Oui. je le connais bien.
[너 장을 아니?] [응, 나는 그를 잘 알아 : 사람]

2) 간접목적보어 인칭대명사

① **형 태**

		단 수	복 수
1인칭		me	nous
2인칭		te	vous
3인칭	남 성	lui	leur
	여 성		

② 용 법

간접목적보어 인칭대명사는 항상 사람을 나타내며 거의 동사 앞에 위치한다.

Tu téléphones souvent à Paul? 너 뽈에게 자주 전화하니?
Oui. je lui téléphone tous les jours. 응, 그에게 매일 전화해.

연습문제

01. 다음을 듣고 빈칸을 채우시오.

1) Tu prends le métro tous les matins? Oui, je ( ) prends tous les matins.
2) Vous écoutez souvent la radio? Oui, je ( ) écoute tous les soirs.
3) Vous achetez ces disques? Oui, je ( ) achète.
4) Vous vendez votre ordinateur? Oui, je ( ) vends.
5) Vous aimez cette chanson? Oui, je ( ) aime bien.
6) Vous connaissez cet homme? Oui, je ( ) connais bien.
7) Tu ( ) attends un instant? Oui, je ( ) attends.
8) Vous ( ) invitez ce soir? Oui, je ( ) invite à dîner au restaurant.
9) Tu ( ) comprends? Oui, je ( ) comprends parfaitement.
10) Vous ( ) voyez? Bien sûr, je ( ) vois clairement.

02. 다음을 듣고 빈칸을 채우시오.

1) Je ( )'interdis de sortir ce soir.
2) Si tu as besoin d'aide, tu peux ( ) téléphoner.
3) Mes parents ( ) fatiguent. Ils répètent toujours la même chose.
4) Tu ( ) prêtes 100 euros? Je ( )( ) rendrai la semaine prochaine.
5) Elle ( ) enseigne le français.
6) Je ( ) passerai un coup de fil demain.

03. 간접목적보어 인칭대명사에 유의하며 다음 빈칸을 채우시오.

1) Je (   ) cherchais partout.
2) Il (   ) écrit une lettre une fois par semaine.
3) Je (   ) téléphone tous les jours.
4) Je peux (   ) poser une question?
5) Les enfants (   )'obéissent bien?
6) Il (   ) prête sa voiture.

7
수 형용사

1) 기 수

1	2	3	4	5
un	deux	trois	quatre	cinq
6	7	8	9	10
six	sept	huit	neuf	dix
11	12	13	14	15
onze	douze	treize	quatorze	quinze
16	17	18	19	20
seize	dix-sept	dix-huit	dix-neuf	vingt

① 두 자리 숫자 중 끝이 1로 끝나는 경우

- 21-61 : - et un

  예) 21 : vingt et un
  31 : trente et un
  41 : quarante et un

- 71 : soixante-et-onze
- 81 : quatre-vingt-un
- 91 : quatre-vingt-onze

② 두 자리 숫자 중 끝이 2-9로 끝나는 경우 : 십 자리 + - 2에서 9

- 22-29부터 62-69까지

  22-29 : vingt-deux, vingt-trois, ...
  32-39 : trente-deux, trente-trois, ...
  42-49 : quarante-deux, quarante-trois, ...

- 72-79 : soixante-douze, soixante-treize, ..
- 82-89 : quatre-vingt-deux, quatre-vingt-trois, ..
- 92-99 : quatre-vingt-douze, quatre-vingt-treize

100 : cent 1000 : mille
10000 : dix mille 1000000 : million

2) 서수 : [-번째]에 해당하는 수로서 기수 + ième 형태이다.

첫 번째	premier (première)	두 번째	deuxième (seconde)
세 번째	troisième	네 번째	quatrième

☑ 형용사로서 속사 또는 부가사의 기능을 한다 :

L'équipe coréenne a terminé à la quatrième place à la Coupe du monde.
한국팀이 세계 대회에서 4위를 차지했다.

☑ 한정사 (관사, 소유형용사, 지시형용사 등)가 선행할 수 있다 :

Mon deuxième fils est professeur.
내 둘 째 아들은 선생이다.

연습문제

01. 다음을 듣고 해당하는 숫자를 프랑스어로 쓰시오.

1) 10 ____________
2) 20 ____________
3) 30 ____________
4) 40 ____________
5) 50 ____________
6) 60 ____________
7) 70 ____________
8) 80 ____________
9) 90 ____________
10) 100 ____________
11) 12 ____________
12) 21 ____________
13) 34 ____________
14) 42 ____________
15) 56 ____________
16) 67 ____________
17) 78 ____________
18) 84 ____________
19) 91 ____________
20) 99 ____________

02. 다음을 듣고 프랑스어에 해당하는 숫자를 적으시오.

1) ____________
2) ____________
3) ____________
4) ____________
5) ____________
6) ____________
7) ____________
8) ____________
9) ____________
10) ____________
11) ____________
12) ____________
13) ____________
14) ____________
15) ____________
16) ____________
17) ____________
18) ____________
19) ____________
20) ____________

03. 다음은 전화번호이다. 잘 듣고 프랑스어에 해당하는 숫자를 쓰시오.

1) 12-23-(　　)-50
2) 06-62-71-(　　)
3) 48-(　　)-96-58
4) 11-22-33-(　　)
5) 21-(　　) -11-6
6) 46-63-40-(　　)
7) 24-(　　) -82-82
8) (　　)-35-52-60

04. 다음을 잘 듣고 빈칸에 해당하는 숫자를 프랑스어로 쓰시오.

1) ....
2) ....
3) ....
4) ....
5) ....
6) ....

05. 다음을 듣고 해당하는 숫자를 프랑스어로 쓰시오.

1) ....
2) ....
3) ....
4) ....
5) ....
6) ....
7) ....
8) ....
9) ....
10) ....
11) ....
12) ....

06. 다음을 듣고 프랑스어에 해당하는 숫자 중 잘못 적은 것을 올바르게 고치시오.

1)	230		7)	23209	
2)	2001		8)	61070	
3)	8546		9)	1010	
4)	13000		10)	50000	
5)	965		11)	123456	
6)	13819		12)	999	

07. 다음을 듣고 시간에 해당하는 숫자를 적으시오.

1)		7)	
2)		8)	
3)		9)	
4)		10)	
5)		11)	
6)		12)	

08. 다음을 듣고 시간을 잘못 표시한 부분을 올바르게 고치시오.

1)	11 h 30		5)	24 h	
2)	16 h 45		6)	20 h 55	
3)	12 h 10		7)	22 h 32	
4)	9 h 20		8)	13 h 11	

COMPRÉHENSION ORALE

Partie 9

동 사

1

동사의 종류

1) 1군 동사 : 원형의 어미가 -er로 끝나는 동사들

je	-e	nous	-ons
tu	-es	vous	-ez
il, elle	-e	ils, elles	-ent

① 규칙적으로 변하는 동사들 (aider, chercher, donner, écouter, ...)

j'aime	tu aimes	il, elle aime
nous aimons	vous aimez	ils, elles aiment

② 불규칙적으로 변하는 동사들

☑ -ger로 끝나는 동사들 (changer, manger, ranger, voyager)

je	-ge	nous	-geons
tu	-ges	vous	-gez
il, elle	-ge	ils, elles	-gent

☑ -cer로 끝나는 동사들 (annoncer, commencer, placer, prononcer)

je	-ce	nous	-çons
tu	-ces	vous	-cez
il, elle	-ce	ils, elles	-cent

☑ -eter, -éter로 끝나는 동사들 (acheter, compléter, répéter)

je	-ète	nous	-etons	-étons
tu	-ètes	vous	-etez	-étez
il, elle	-ète	ils, elles	-ètent	

☑ -ayer, -oyer, uyer로 끝나는 동사들 (ennuyer, envoyer, nettoyer)

je	-aie	-oie	-uie	nous	-ayons	-oyons	-uyons
tu	-aies	-oies	-uies	vous	-ayez	-oyez	-uyez
il, elle	-aie	-oie	-uie	ils, elles	-aient	-oient	-uient

☑ -eler로 끝나는 동사들 (appeler)

je	-elle	nous	-eleons
tu	-elles	vous	-elez
il, elle	-elle	ils, elles	-ellent

2) 2군 동사 : 원형의 어미가 -ir로 끝나는 동사들(choisir, finir, grossir, obéir, réussir)

je	-is	nous	-issons
tu	-is	vous	-issez
il, elle	-it	ils, elles	-issent

3) 3군 동사 : 어미의 변화가 불규칙하게 변하는 동사들

☑ -m(t)ir, -rir로 끝나는 동사들(dormir, partir, sortir, courir, ouvrir)

je	-s	-e	nous	-m(t)ons	-rons
tu	-s	-es	vous	-m(t)ez	-rez
il, elle	-t	-e	ils, elles	-m(t)ent	-rent

☑ -d, (t)re로 끝나는 동사들(attendre, comprendre, descendre, répondre, permettre)

je	-d(t)s	nous	-d(t)ons
tu	-d(t)s	vous	-d(t)ez
il, elle	-d(t)	ils, elles	-d(t)ent

연습문제

01. 다음을 듣고 해당하는 동사의 형태를 쓰시오.

1)	( )( ) le cinéma?	[aimer]
2)	( )( ) la télé.	[regarder]
3)	( )( ) une chanson.	[écouter]
4)	( )( ) tous les jours.	[travailler]
5)	( )( ) un travail?	[chercher]

02. 다음을 듣고 빈칸을 채우시오.

1)	( )( ) le travail à 9 heures.	[commencer]
2)	( )( ) des fruits au marché.	[acheter]
3)	( )( ) les leçons.	[réviser]
4)	( )( ) une lettre aux parents.	[envoyer]
5)	( )( ) des vêtements.	[laver]
6)	( )( ) le médecin.	[appeler]
7)	( )( ) l'hiver.	[préférer]
8)	( )( ) en espèces.	[payer]

03. 다음 문장을 듣고 빈칸에 들어갈 동사를 알맞은 형태로 고쳐 쓰시오.

1) Tu [connaître] mon ami, Jean?
2) Quel âge [avoir]-vous?
3) Qu'est-ce que vous [faire] dans la vie?
4) Il [savoir] parler le français.
5) Mon père [lire] le journal.
6) Ils [prendre] un taxi pour ne pas être en retard.
7) Nous [devoir] terminer ce travail.
8) Ils [pouvoir] gagner au match de football.
9) Vous [vouloir] un peu le café?
10) Quand est-ce qu'elle [partir]?
11) Je [sortir] ce soir.
12) Il [boire] trop.

04. 다음 문장을 듣고 다음 빈칸에 알맞은 동사의 형태를 쓰시오.

1) Je ( ) cette cravate.
2) Quand ( )-tu ton travail?
3) Ils ( ) une lettre à leurs amis.
4) Je ( ) à l'aéroport.
5) Tu ( ) à quelle heure?
6) Les étudiants ( ) bien à leur professeur.
7) Vous ( ) encore?
8) Elle ( ) à la question du professeur.
9) Ils ( ) une maison sur la colline.
10) Elle ( ) bien.

05. 다음 문장을 듣고 알맞은 동사의 형태를 보기에서 고르시오.

1) Il ( ) de l'escalier.	descends	descend
2) Je ( ) dans une semaine.	reviens	revient
3) Est-ce qu'il ( ) le métro?	prends	prend
4) Tu ( ) la situation?	comprends	comprend
5) Il ( ) son portefeuille.	perds	perd
6) Le chien ( ) le facteur.	mords	mord
7) Elle ( ) la porte.	ouvres	ouvre
8) Qu'est-ce qu'il ( ) pendant les vacances?	fais	fait
9) Je ( ) m'en aller.	dois	doit

06. 다음 문장을 동사의 형태에 유의하여 받아쓰시오.

1) ....
2) ....
3) ....
4) ....
5) ....
6) ....
7) ....
8) ....
9) ....
10) ....
11) ....
12) ....

2

동사의 시제

1) 과 거

① **복합과거 : - 자동사 : être +과거분사, -타동사 : avoir +과거분사**

		원 형	과거분사
1군 동사	**-é**	aimer[좋아하다]	aimé
		chanter[노래하다]	chanté
		manger[먹다]	mangé
2군 동사	**-i**	finir[끝내다]	fini
		choisir[선택하다]	choisi
		grossir[살찌다]	grossi
3군 동사	**-s**	prendre[잡다]	pris
	-é	aller[가다]	allé
	-i	sortir[외출하다]	sorti
	-u	boire[마시다]	bu
		attendre[기다리다]	attendu

☑ 타동사 : avoir + 과거분사

☑ 과거분사

② **반과거**

Je	-ais	Nous	-ions
Tu	-ais	Vous	-iez
Il, Elle	-ait	Ils, Elles	-aient

- 과거의 반복이나 습관적인 사실

Autrefois, il venait me voir. 옛날에, 그는 나를 보러 오곤했다.

③ **근접과거 : 방금 일어난 일을 묘사할 때** (venir de + **동사원형**)

Il vient de partir. 그는 방금 떠났다.

2) 미래

① 단순미래 : 사건이나 사실이 말하는 순간 이후에 일어날 때

Je	-rai	Nous	-rons
Tu	-ras	Vous	-rez
Il, Elle	-ra	Ils, Elles	-ront

Je partirai demain. 나는 내일 떠날 거야

② 근접미래 : 곧 일어날 일을 묘사할 때 (aller + 동사원형)

Il va partir. 그는 곧 떠날 거야.

연습문제

01. 다음 문장들을 잘 듣고 빈칸에 들어갈 알맞은 과거분사를 쓰시오.

1) Il a (   ) de la viande.
2) Nous avons (   ) le petit-déjeuner.
3) Pierre a (   ) de l'argent à sa femme.
4) Ils ont (   ) ensemble dans la même banque.
5) Il a (   ) au tennis avec Jean.
6) Ils ont (   ) la Corée du Sud.
7) J'ai enfin (   ) ce problème.
8) Vous avez (   ) quelque chose?
9) Qu'est-ce qu'il a (   ) pendant les vacances?
10) On a (   ) Paul devant la bibliothèque.
11) Ils ont (   ) au restaurant.
12) J'ai (   ) une lettre de ma mère.
13) Tu as (   ) avant d'agir?
14) Elle a (   ) d'avis.
15) Pierre a (   ) pendant toute la journée.

02. 다음 문장을 듣고 빈칸에 알맞은 과거분사를 쓰시오.

1) Elle est ( ) vers minuit.
2) Ils sont ( ) pour toujours.
3) Paul et moi, nous sommes ( ) au café.
4) Marie est ( )?
5) Elles sont ( ) dans la chambre.
6) Monsieur Dupont! Vous êtes ( ) hier soir?
7) Ils sont ( ) d'un accident de voiture.
8) Elle est ( ) à Séoul.
9) Il est ( ) de l'échelle.
10) Le train est ( ) à la gare.

03. 다음 문장을 잘 듣고 빈칸에 들어갈 동사의 원형과 과거분사를 쓰시오.

		동사원형	과거분사
1)	On ( ) la radio.		
2)	Mon père ( ) un match de football.		
3)	Nous ( ) du fromage.		
4)	Ils ( ) le petit-déjeuner.		
5)	Elle ( ) le français.		
6)	Je ( ) le jazz.		
7)	Il ( ) la chanson française.		
8)	Nous ( ) de plan.		
9)	Vous ( ) encore un travail?		

04. 다음 문장을 듣고 복합과거 시제에 유의하면서 문장을 받아쓰시오.

1) ....
2) ....
3) ....
4) ....
5) ....
6) ....
7) ....
8) ....
9) ....
10) ....
11) ....
12) ....

05. 다음을 잘 듣고 빈칸에 해당하는 동사의 반과거형태를 쓰시오.

1) (   )[lire] un journal.
2) (   )[prendre] le dîner.
3) (   )[manger] toujours de la glace comme dessert.
4) (   )[vouloir] travailler avec elle.
5) (   )[pouvoir] partir tôt.
6) (   )[avoir] un rendez-vous avec Monsieur Kim.
7) (   )[être] combien?
8) (   )[chercher] leur chien partout.
9) (   )[écouter] un CD de Céline Dion.
10) (   )[travailler] toute seule.

06. 다음 문장을 듣고 받아쓰시오.

1) ....
2) ....
3) ....
4) ....
5) ....
6) ....
7) ....
8) ....
9) ....
10) ....

07. 다음 문장을 듣고 단순미래 형태의 동사를 써넣으시오.

1) (   )'[aller] où(   )[aller].
2) (   )[venir] l'année prochaine.
3) (   )[visiter] le château dans une semaine.
4) (   )[acheter] cette maison un jour.
5) (   )[finir] son travail jusqu'à l'après-demain.
6) (   )[apprendre] à nager pendant les vacances.
7) (   )[rester] chez moi jusqu'à quand?
8) (   )[pouvoir] gagner le match cette fois-ci.
9) (   )[faire] de mon mieux.
10) (   )[devoir] garder les enfants pendant mon absence.

08. 다음 문장을 듣고 시제에 유의하면서 받아쓰시오.

1)
2)
3)
4)
5)
6)
7)
8)
9)
10)

COMPRÉHENSION ORALE

Partie 10

문장의 유형

1

의문문

(의문사) + 동사 + 주어	Où vas-tu?
(의문사) + Est-ce que + 주어 + 동사	Où est-ce que tu vas?
주어 + 동사 + (구어체)	Tu vas où?

2

부정문

1) ne ... pas

① **단순형태의 시제** : ne + **단순시제의 동사** + pas

- 현재시제 : Je ne suis pas étudiant. 나는 학생이 아니다.
- 단순미래 : Je n'irai pas au cinéma. 나는 극장에 가지 않을 거야.
- 반 과 거 : Il ne fumait pas. 그는 담배를 피지 않았다.
- 명 령 문 : Ne partez pas sans moi! 나 없이 떠나지 마세요.
- 조동사 + 동사의 원형의 문장의 경우 : **ne** + 조동사 + **pas** + 동사원형

  Je ne veux pas travailler. 나는 일하고 싶지 않다.
  Tu ne dois pas faire ça. 너는 그것을 하면 안돼.

② **복합형태의 시제** : ne + **조동사** (avoir, être) + pas + **과거분사**

- 복합시제 : Il n'est pas arrivé. 그는 도착하지 않았다.

  Je n'ai pas dormi toute la nuit. 나는 밤새 잠을 안 잤다.

③ ne**는 항상 보어대명사 앞에 위치한다**

Tu connais cet homme? 너 저 남자 아니?
Non, je ne le connais pas. 아니, 나는 그를 몰라.

Tu téléphones souvent à Paul? 너 뽈에게 전화를 자주 하니?
Non, je ne lui téléphone pas souvent. 아니, 그에게 자주 전화하지 않아.

Tu as acheté ce livre? 너 이 책을 샀니?
Non, je ne l'ai pas acheté. 아니, 그것을 사지 않았어.

2) *ne ... jamais* : 결코 - 아니다

Il ne vient jamais à l'heure. 그는 결코 제시간에 오지 않는다.

3) *ne ... aucun* : 전혀 - 아니다

Je n'ai aucune envie de sortir. 전혀 외출하고 싶은 생각이 없다.

3

명령문

2인칭 단수와 복수에 사용하는 것으로

1) 명령 : Sors! Sortez! 나가라! 나가세요!
2) 충고 : Refusez cette offre, croyez-moi! 이 제안을 거절하세요, 날 믿으세요!
3) 바램 : Rentrez bien! 잘 돌아가세요!
4) 기도 : Donnez-moi de la force! 내게 힘을 주세요!

☑ 2인칭 단수에서, 동사가 -er로 끝나는 1군 동사이고, 뒤에 오는 요소가 자음인 경우, -s를 생략하고 -e만 쓴다.

Mange cette pomme! 이 사과를 먹어!

연습문제

01. 다음은 의문문의 세 가지 유형이다. 문장들을 잘 듣고 쓰시오.

1)	a)	8)	
	b)		
	c)		
2)		9)	
3)		10)	
4)		11)	
5)		12)	
6)		13)	
7)		14)	

02. 다음은 의문문과 그에 대한 답변이다. 잘 듣고 쓰시오.

1)		6)	
2)		7)	
3)		8)	
4)		9)	
5)		10)	

03. 다음은 부정문이다. 잘 듣고 쓰시오.

1)
2)
3)
4)
5)
6)
7)
8)
9)
10)

04. 다음 대화를 듣고 빈칸을 채우시오.

1)	Tu as une voiture?	6)	Vous avez un chien?
2)	Vous voulez boire?	7)	Vous travaillez demain?
3)	Tu regardes la télé?	8)	Il dort déjà?
4)	Vous aimez la danse?	9)	Vous allez à la gare?
5)	J'adore les films d'aventure. Et toi?	10)	Tu nages bien?

05. 다음은 명령문이다. 잘 듣고 빈칸에 알맞은 동사형태를 쓰시오.

1)	( ) doucement!	
2)	( ) le plus vite possible!	
3)	( ) trop d'alcool!	
4)	( ) cette chambre!	
5)	( )-moi demain!	
6)	( )-t-en!	
7)	( ) à haute voix!	
8)	( ) trop de chocolats!	
9)	( )-vous, s'il vous plaît!	
10)	( ) la porte!	
11)	( ) la fenêtre!	
12)	( ) attentivement!	

06. 다음 문장을 잘 듣고 쓰시오.

1) ....

2) ....

3) ....

4) ....

5) ....

6) ....

7) ....

8) ....

9) ....

10) ....

11) ....

12) ....

13) ....

14) ....

15) ....

COMPRÉHENSION ORALE

Partie 11

정답 및 해설

Partie 1. 알파벳 발음하기

01.

1)	C	2)	F	3)	E	4)	H
5)	A	6)	Z	7)	B	8)	L
9)	P	10)	I	11)	R	12)	D
13)	G	14)	J	15)	M	16)	S
17)	U	18)	K	19)	N	20)	Q
21)	T	22)	X	23)	V	24)	Y
25)	W	26)	O				

02.

	M	**F**		**M**	**F**
1)	Alain		11)	Michel	
2)		Béatrice	12)	Nicolas	
3)		Catherine	13)	Olivier	
4)	Denis		14)		Paulette
5)		Emilie	15)	Richard	
6)	Frédéric		16)		Sylvie
7)	Henri		17)		Thérèse
8)		Isabelle	18)	Vincent	
9)		Jeanne	19)		Yvonne
10)	Louis		20)		Zoé

03.

1)	Anne	2)	Claude	3)	Eric	4)	Hélène
5)	Jean	6)	Lise	7)	Marie	8)	Nicolas
9)	Rose	10)	Serge	11)	Thomas	12)	Véronique

partie 2. 발음

1

모음 (les voyelles)

01

	[u]	[y]		[u]	[y]
1)	la souris		21)	le cousin	
2)		une usine	22)		la musique
3)	une poule		23)		le début
4)	la route		24)	debout	
5)		le mur	25)		un jus
6)	un chou		26)	pour	
7)		la culture	27)	le cou	
8)	un fou		28)		la rue
9)	une poupée		29)	la joue	
10)		le nuage	30)		sur
11)	un jour		31)	le boulevard	
12)		le numéro	32)		une avenue
13)	la boule		33)		la plume
14)		un bureau	34)		une mule
15)	un loup		35)	pour	
16)		le calcul	36)		une culotte
17)	la foule		37)		une fumée
18)		le recul	38)	le four	
19)	un trou		39)	le goût	
20)		un muscle	40)		le jumeau

02.

1)	deux[둘]	6)	jeudi[목요일]
2)	cheveu[머리카락]	7)	bœuf[황소]
3)	vœux[소원]	8)	nerveux[신경질적인]
4)	bleu[푸른]	9)	sœur[누이]
5)	heure[시간]	10)	cœur[마음]

03.

1)	jour[日]	6)	ours[곰]
2)	docteur[의사]	7)	fourmi[개미]
3)	pour[-을 위해]	8)	chauffeur[운전수]
4)	danseur[댄서]	9)	ordinateur[컴퓨터]
5)	journée[하루]	10)	beurre[버터]

04.

1)	poire[먹는 배]	6)	idiot[바보]
2)	roi[왕]	7)	violon[바이올린]
3)	noix[호두]	8)	violette[보랏빛의]
4)	radio[라디오]	9	toit[지붕]
5)	voici[여기에]	10)	biologie[생물학]

05.

1)	rasoir[면도기]	6)	poil[털]
2)	toile[천, 옷감]	7)	voilà[저기에]
3)	gloire[영광]	8)	boire[마시다]
4)	étoile[별]	9)	mouchoir[손수건]
5)	soir[저녁]	10)	voile[돛]

06.

1)	chiase	chaise[의자]	6)	maraige	mariage[결혼]
2)	lait	lait [우유]	7)	criae	craie[백묵]
3)	daible	diable[악마]	8)	iagle	aigle[독수리]
4)	français	français[프랑스어]	9)	paino	piano[피아노]
5)	iamer	aimer[좋아하다]	10)	miason	maison[집]

07.

1)	porte[문]	6)	soldat[군인]
2)	oreille[귀]	7)	orange[오렌지]
3)	joli[예쁜]	8)	bol[그릇]
4)	dormir[잠자다]	9)	nord[북쪽]
5)	golf[골프]	10)	sol[땅]

08.

1)	feaute	faute [잘못]	7)	naige	neige[雪]
2)	chapau	chapeau[모자]	8)	buffei	buffet[부페]
3)	gâtau	gâteau[케익]	9)	poulet	poulet[닭]
4)	jeaune	jaune[노란]	10)	cafer	café[커피]
5)	pauvre	pauvre[가난한]	11)	bouché	boucher[푸주간주인]
6)	cheise	chaise[의자]	12)	bébé	bébé[아기]

➲ ei - ai - et

1)	Il y a une craie sur la chaise. 의자 위에 백묵이 있습니다.
2)	Il neige et les enfants s'amusent avec leur maître. 눈이 오고 아이들은 선생님과 놉니다.
3)	Est-ce que le poulet et l'aigle sont tous les deux des oiseaux? 닭하고 독수리하고 둘 다 새입니까?

➲ er - é

1)	Le boulanger fait de la baguette avec du blé. 빵장수는 밀가루를 가지고 바게뜨를 만든다.
2)	Je ne prends pas de café chaud en été parce qu'il fait trop chaud. 나는 여름에는 날씨가 너무 덥기 때문에 뜨거운 커피를 마시지 않는다.
3)	L'épicier garde le bébé du boucher pendant toute la journée. 식료품가게 주인이 고기간집 주인의 아이를 하루종일 돌본다.

➲ au - eau

1)	Marie a acheté ce chapeau comme cadeau d'anniversaire de son mari. 마리는 남편의 생일 선물로 이 모자를 샀다.
2)	Un homme pauvre a commis une faute. 어떤 가난한 남자가 실수를 저질렀다.
3)	Toi aussi, tu veux manger la peau du veau? 너도 마찬가지로, 암소 껍질을 먹을 수 있니?

➲ ou

1)	La souris attache une boule au cou du chat. 용감한 쥐가 고양이 목에 방울을 단다.
2)	Tu es fou! Comment peux-tu avaler la soupe chaude d'un seul coup? 너 정말 미쳤구나! 어떻게 뜨거운 수프를 단숨에 삼켜버리니?
3)	Vous voulez vraiment travailler pour moi? 당신 정말 나를 위해서 일하기 원하십니까?

➲ oi

1)	Moi, j'ai très froid et soif! Donnez-moi de l'eau chaude. [나는 매우 춥고 목이 마르네요! 뜨거운 물을 내게 주세요.
2)	Un roi regardait des étoiles dans le ciel. À ce moment-là, un oiseau a volé du bois. 어떤 왕이 하늘에 별들을 보고 있었다. 그 때 숲에서 한 마리 새가 날았다.
3)	Elle baisse la voix et couvre sa tête d'un voile de soie noire. 그녀는 목소리를 낮췄고 검은 비단으로 그녀의 머리를 가렸다.

➲ ar - al

1)	Alors, qu'est-ce que tu vas faire avec cet argent? Moi, je vais acheter un cheval. 그래, 너 이 돈으로 뭐 할 거니? 나는 말을 살 거야.
2)	La chasse du renard se pratique à cheval. 여우 사냥은 말을 타고 행해진다.
3)	Mon père lit le journal d'un large regard. 아버지는 관심어린 시선으로 신문을 읽고 계신다.

➲ or - ol

1)	Un soldat a fermé fortement la porte. 한 병사가 문을 강제로 닫았다.
2)	Voyons! Ce bol n'est pas un trésor! 이봐요! 이 그릇은 보물이 아니라니까요.
3)	Un joli chien dort sous un grand arbre. 한 귀여운 개가 거목 밑에서 자고 있어요.

➲ eur - our

1)	Chaque jour, le chanteur chante pour préparer le concert. 매일, 그 가수는 콘서트를 준비하기 위해 노래한다.
2)	Les coureurs partent en bicyclette malgré la chaleur lourde. 선수들은 더운 날씨에도 불구하고 자전거를 타고 달린다.
3)	Les visiteurs regardaient les ours et ils n'avaient pas peur du tout. 방문객들은 곰들을 쳐다보았는데 전혀 두려워하지 않았다.

2

비모음 (les voyelles nasales)

01.

1)	lion[사자]	6)	soin[보살핌, 치료]
2)	point[요점]	7)	avion[비행기]
3)	région[지역]	8)	coin[구석]
4)	champion[챔피온]	9)	moins[-보다 덜]
5)	loin[멀리]	10)	addition[계산서, 덧셈]

02.

1)	chein	chien [개]	6)	Parisein	Parisien[파리시민]
2)	plien	plein [꽉 찬]	7)	pientre	peintre[화가]
3)	bein	bien[잘]	8)	cienture	ceinture[혁띠]
4)	frein	frein[브레이크]	9)	beintôt	bientôt[곧]
5)	rien	rien[전혀 - 아닌]	10)	Indein	Indien[인디언의]

03.

1)	damse	danse[춤]	9)	monde	monde[세상]
2)	janbon	jambon[햄]	10)	momtre	montre[손목시계]
3)	chamter	chanter[노래하다]	11)	pomt	pont[다리]
4)	vemt	vent[바람]	12)	vêtememt	vêtement[옷]
5)	tenps	temps[시간]	13)	printemps	printemps[봄]
6)	santé	santé[건강]	14)	chanbre	chambre[방]
7)	restauramt	restaurant[식당]	15)	moutom	mouton[양]
8)	bombom	bonbon[사탕]	16)	nombre	nombre[수]

04.

	on, om	an,am en,em	in, im, ain,ei n	un, um		on, om	an, am en, em	in, im, ain, ein	un, um
	[ɔ̃]	[ɑ̃]	[ɛ̃]	[œ̃]		[ɔ̃]	[ɑ̃]	[ɛ̃]	[œ̃]
1)	ombre [그림자]				7)		cent [100]		
2)		enfant [어린애]			8)			mince [날씬한]	
3)			vingt [20]		9)	onze [11]			
4)		vent [바람]			10)			demain [내일]	
5)		France [프랑스]			11)				lundi [월요일]
6)				commun [공통적]	12)			fin [끝]	

05.

➲ ein - ain

1)	Alain achète du pain au poulet. 알렝이 닭고기가 들은 빵을 산다.
2)	Demain, c'est l'anniversaire de Paul. Il va recevoir plein de cadeaux. 내일, 뽈의 생일이야. 그는 가득 선물을 받을거야.
3)	Quand on se rencontre, on se serre la main. 사람을 만났을 때 악수를 한다.
4)	Soudain, la porte s'ouvre elle devient très pâle. 갑자기, 문이 열리고 그녀는 얼굴이 아주 창백해졌다.
5)	C'est un pain très célèbre en France. 그것은 프랑스에서 유명한 빵이야.
6)	Attachez vos ceintures ! 안전맬트를 매세요.

➲ am - an

1)	Tu as vu mon enfant? Oui, il est dans sa chambre. 너 내 아이를 봤니? 응, 자기 방에 있어.
2)	Tu connais cette chanteuse? Oui, c'est ma tante. 너 이 여가수를 아니? 응, 내 숙모님이셔.
3)	François adore manger. Oui, il est gourmand. 프랑수와는 먹는 것을 아주 좋아해. 응, 그는 식도락가야.
4)	Il a une grande maison à la campagne. 그는 교외에 큰 집을 가지고 있다.
5)	Qu'est-ce que tu manges au restaurant? 너 식당에서 무엇을 먹니?
6)	Un grand camion blanc roule dans la rue. 큰 흰 색의 트럭이 거리를 달린다.

➲ em - en

1)	J'ai mal aux dents et je dois aller chez le dentiste. 나는 이가 아파. 치과의사에게 가 봐야 해.
2)	Quel temps fait-il aujourd'hui? Il y a de la tempête. 오늘 날씨가 어때요? 폭풍이 불어요.
3)	Carole et Patrick sortent souvent ensemble. 카롤과 빠트릭은 자주 함께 외출해.
4)	Attendez ! Vous pouvez répéter? Je vous entends mal. 기다리세요. 다시 말씀해주실래요? 잘 안 들려요.
5)	Pourquoi Daniel est absent? Parce qu'il a eu un accident de voiture. 왜 다니엘이 부재중이니? 왜냐하면 자동차 사고를 당했기 때문이야.

➲ om - on

1)	Un grand nombre de marrons tombent sur le gazon. 많은 밤들이 잔디위로 떨어진다.
2)	Bonjour, madame. Je vous annonce une bonne nouvelle. 안녕하세요, 부인. 당신께 좋은 소식을 알려드리죠.
3)	Tu comprends ce que je dis? Oui, comptez sur moi. 너 내가 말한 것을 이해하니? 예, 저를 믿으세요.
4)	Ça fait longtemps qu'on ne s'est pas vu. Je ne me rappelle pas votre nom. 우리 못 본지 오래되었어요. 당신 이름이 기억이 나질 않아요.
5)	Tout le monde a regardé le spectacle sur le pont. 모든 사람들이 다리 위에서 그 광경을 쳐다봤다.

➲ im - in

1)	Il y a beaucoup de lapins dans le jardin. 정원에는 토끼가 많다.
2)	Le matin, Pierre va à la poste pour acheter des timbres. 아침마다, 삐에르는 우표를 사기 위해 우체국에 간다.
3)	Il est impossible de grimper cette montagne. 이 산을 오른다는 것은 불가능해.

➲ ion - oin

1)	Où est la station de métro? Ce n'est pas loin d'ici? 지하철 역이 어디죠? 여기서 멀지 않은가요?
2)	Le train est moins rapide que l'avion. 기차는 비행기보다 덜 빠르다.
3)	Regarde ! Un lion s'approche de nous ! On a besoin d'une arme. 봐! 사자 한 마리가 우리에게 다가와. 우린 무기가 필요해.
4)	Attention ! C'est un point très important. 주목하세요! 이것은 매우 중요한 사항입니다.
5)	On a trouvé le témoin de l'accident au coin de la rue. 우린 거리 구석에서 사고의 증인을 찾았다.

3

자음 (les consonnes)

01.

	b	p		b	p
1)	boire[마시다]		7)	bain[목욕]	
2)		poire[먹는 배]	8)		pain[빵]
3)		poids[몸무게]	9)		pas[발걸음]
4)	bois[숲]		10)	bas[-밑에]	
5)		pieds[발]	11)	bombe[폭탄]	
6)	bière[맥주]		12)		pomme[사과]

02.

	v	b		v	b
1)	vol[비행]		7)	vague[파도]	
2)		bol[그릇]	8)		bague[반지]
3)		bois[숲]	9)		base[기초]
4)	voix[목소리]		10)	vase[꽃병]	
5)		beau[아름다운]	11)		ballet[발레]
6)	veau[암소]		12)	vallée[계곡]	

03.

	p	f		p	f
1)		faim[배고픔]	6)		faux[거짓의]
2)	pain[빵]		7)	pin[소나무]	
3)	paire[쌍]		8)		fin[끝]
4)		faire[-하다]	9)	poli[친절한]	
5)	pot[항아리]		10)		folie[광란]

04.

1)	caraphe	carafe[물병]	6)	alphabet	alphabet[알파벳]
2)	téléfone	téléphone[전화]	7)	foto	photo[사진]
3)	pharmacie	pharmacie[약국]	8)	phaute	faute[잘못]
4)	phable	fable[우화]	9)	féminin	féminin[여성]
5)	géografie	géographie[지리]	10)	phorêt	forêt[숲]

05.

	s	ss		s	ss
1)	raisin[포도]		6)		chaussure[신발]
2)		classe[교실]	7)	fraise[딸기]	
3)		caisse[창구]	8)		tasse[잔]
4)	rose[장미]		9)	visage[얼굴]	
5)	voisin[이웃]		10)		grosse[살찐]

06.

	[k]	[ʃ]		[k]	[ʃ]
1)	cas[경우]		6)	collier[목걸이]	
2)		chose[사물]	7)		changer[바꾸다]
3)	café[커피]		8)	condition[조건]	
4)	cause[원인]		9)	croix[십자가]	
5)		chaîne[사슬]	10)		chez[-집에]

07.

	[g]	[ʒ]		[g]	[ʒ]
1)		genou[무릎]	6)		neige[雪]
2)	gare[역]		7)	baguette[바게뜨]	
3)	bague[파도]		8)		village[마을]
4)		plage[해변가]	9)		piège[함정]
5)	légume[야채]		10)	langue[언어]	

08.

	[k]	[ʃ]		[k]	[ʃ]
1)		chance[기회]	6)		chaud[더운]
2)	choléra[콜레라]		7)		chiffre[숫자]
3)		chapeau[모자]	8)		chèque[수표]
4)		cheval[말]	9)	chrétien[기독교의]	
5)	chorale[합창]		10)		Chine[중국]

09.

1)	___aki	kaki[먹는 감]	6)	____araté	karaté[가라데]
2)	___oléra	choléra[콜레라]	7)	____orale	chorale[합창]
3)	e___amen	examen[시험]	8)	____ristian	christian[기독교의]
4)	___iosque	kiosque[가두매점]	9)	e___act	exact[정확한]
5)	e___emple	exemple[예]	10)	___laxon	klaxon[경적]

4

묵음 (les lettres muettes) 및 연독(liaison)

01.

1)	printemps	[봄]	11)	nuit	[밤]
2)	aimer	[좋아하다]	12)	trop	[너무]
3)	petit	[작은]	13)	sot	[어리석은]
4)	moment	[순간]	14)	point	[요점]
5)	étudiant	[학생]	15)	hôtel	[호텔]
6)	grand	[큰]	16)	automne	[가을]
7)	coup	[타격]	17)	fort	[강한]
8)	sous	[- 아래]	18)	mauvais	[나쁜]
9)	roux	[다갈색의]	19)	riz	[쌀]
10)	nez	[코]	20)	beaucoup	[많이]

02.

1)	fort[×][강한]	adulte[O][성인]	5)	pont[×][다리]	baptême[O][세례]
2)	bord[×] [연안]	sud[O][남쪽]	6)	clef[×][열쇠]	neuf[O][9]
3)	bois[×][숲]	fils[O][아들]	7)	doux[×][부드러운]	six[O][6]
4)	assez[×][충분히]	jazz[O][째즈]	8)	blanc[×][흰 색의]	sac[O][가방]

03.

1)	Il vient chez nous ce soir. 그는 오늘 저녁에 우리 집에 온다.
2)	Il habite au bord de la mer. 그는 바닷가 근처에 산다.
3)	Le chat est sous la table. 그 고양이는 책상 밑에 있다.
4)	Elle part très tard. 그녀는 매우 늦게 떠난다.
5)	Mon père lit un journal. 나의 아버지는 신문을 읽고 계십니다.
6)	Nous allons regarder la télé. 우리는 텔레비전을 볼 거야.
7)	Vous avez des enfants? 당신 아이들이 있어요?
8)	Tu veux du café? 커피좀 마시겠어?
9)	J'aime Marie depuis longtemps. 나는 오래전부터 마리를 좋아했어.
10)	Il est heureux de voir son amie. 그는 친구를 보게 되어 기쁘다.

04.

1)	Il est fort en français. 그는 프랑스어를 잘한다.	C'est un film pour adulte. 이것은 성인용 영화다.
2)	Il habite au bord de la mer. 그는 바닷가 근처에 산다.	Il pleut dans le Sud. 남쪽 지방은 비가 온다.
3)	Il a une jambe de bois. 그는 의족을 하고 있다.	Son fils est médecin. 그의 아들은 의사다.
4)	J'ai assez mangé. 나는 충분히 먹었다.	Je n'aime pas le jazz. 나는 재즈를 좋아하지 않아.
5)	Vous traversez le pont. 다리를 건너세요.	Mon bébé va recevoir le baptême. 내 아기가 세례를 받을거야.
6)	J'ai laissé ma clé à la maison. 집에다 열쇠를 두었어.	Mon ordinateur est tout neuf. 내 컴퓨터는 아주 새거야.
7)	Il est doux comme un agneau. 그는 성격이 아주 온순해.	Nous sommes six. 우린 6명이야.
8)	C'est un vin blanc. 이것은 백포도주야.	Quelqu'un a volé mon sac. 누군가가 내 가방을 훔쳐갔어.

05.

1)	Il y a beaucoup de fleurs au printemps. 봄에는 많은 꽃들이 있다.
2)	Il commence à aimer son nouveau voisin. 그는 그의 새로운 이웃을 좋아하기 시작한다.
3)	Xavier est plus petit que moi. 자비에는 나보다 더 작다.
4)	Attendez un moment, s'il vous plaît ! 잠깐만 기다리세요.
5)	C'est un étudiant travailleur. 그는 열심히 공부하는 학생이다.
6)	Il y a un grand arbre dans le jardin. 정원에 큰 나무가 있다.
7)	J'attends un coup de téléphone. 나는 전화 한 통화를 기다린다.
8)	Il y a un chat sous la table. 탁자 밑에 고양이가 있다.
9)	Elle a de beaux yeux. 그녀는 아름다운 눈을 가지고 있다.
10)	Elle parle du nez. 그녀는 코맹맹이 소리로 말한다.
11)	Je n'ai pas dormi toute la nuit. 나는 밤새 잠을 못잤어.
12)	J'ai mal au ventre parce que j'ai trop mangé. 너무 많이 먹어서 배가 아프다.
13)	C'est un sot en trois lettres. 그는 정말 바보다.
14)	J'ai dix points sur vingt. 나는 20점 중에 10점을 받았다.
15)	La poste est devant l'hôtel. 우체국은 호텔 앞에 있다.
16)	Il fait beau en automne. 가을엔 날씨가 좋다.

06.

1)	C'est‿une chanteuse. 그녀는 가수다.
2)	Ils‿arrivent de la gare. 그들은 역에서 도착한다.
3)	Elles‿invitent des‿amis chez‿elles. 그녀들은 집에 친구들을 초대한다.
4)	Mes‿amis sont tes‿amis. 내 친구들은 네 친구들이야.
5)	Ils‿ont une maison à la campagne. 그들은 교외에 집이 있다.
6)	Il est neuf‿heures. 9시입니다.
7)	Comment‿allez-vous? 어떻게 지내세요?
8)	Quand‿il pleut, il faut préparer un parapluie. 비가 올 때는, 우산을 준비해야 한다.
9)	Ils‿habitent dans‿un quartier chic. 그들은 좋은 동네에 살고 있다.
10)	Qui est‿à l'appareil? 전화하신 분이 누구시죠?
11)	Ce sont des‿étudiants. 그들은 학생입니다.
12)	Cet‿endroit est très‿agréable. 이 장소는 아주 안락하군요.
13)	Vous‿êtes trop‿aimable! 당신은 너무 친절하시군요.
14)	Vous‿aimez la musique classique? 고전 음악을 좋아하십니까?
15)	Ce n'est pas‿important! 그것은 중요하지 않습니다.
16)	Vous‿allez où? 어디에 가십니까?
17)	Ils‿habitent‿en France. 그들은 프랑스에 살고 있습니다.
18)	Au marché, ils‿achètent des pommes. 시장에서 그들은 사과를 삽니다.
19)	Il monte dans‿une voiture. 그는 자동차에 탑니다.
20)	Il y a un‿homme dans la rue. 거리에 어떤 남자가 있다.
21)	Il se promène avec‿un chien. 그는 개와 산책을 합니다.
22)	Nous‿entendons un bruit bizarre. 우린 이상한 소리를 들었어요.
23)	Cet‿homme est très gentil. 그 사람은 매우 친절합니다.
24)	Il est difficile de vivre sans‿argent. 돈 없이 살기란 어렵습니다.
25)	Ils‿apprennent le français. 그들은 프랑스어를 배웁니다.
26)	C'est‿une‿amie à moi. 그는 내 친구입니다.
27)	J'aime bien cette‿ambiance. 나는 이 분위기를 좋아합니다.
28)	Elle a très‿envie d'avoir cette bague. 그녀는 이 반지를 매우 가지고 싶어 합니다.
29)	Cet‿hôtel est trop cher. 이 호텔은 너무 비싸요.
30)	Je vous demande des‿explications. 나는 당신에게 설명을 요구합니다.

partie 3. 관 사

1

le , les

01.

1)	le garçon		14)	le dos	
2)		les livres	15)		les yeux
3)	le café		16)	le nez	
4)		les étudiants	17)		les amis
5)	l'université		18)	le chapeau	
6)	le jardin		19)	le bureau	
7)		les pierres	20)		les pays
8)	le sable		21)		les chansons
9)		les tables	22)	le cheveu	
10)	le manteau		23)		les chaussettes
11)		les maisons	24)	le fauteuil	
12)		les enfants	25)		les chambres
13)	le bras		26)	le rasoir	

2

un, une

01.

1)		une radio	14)		une chaussure
2)		une lettre	15)	un gant	
3)	un pull		16)		une savonnette
4)		une valise	17)		une serviette
5)	un examen		18)	un salon	
6)	un film		19)		une salle
7)		une voiture	20)		une cuisine
8)	un canapé		21)	un banc	
9)		une lampe	22)		une armoire
10)		une table	23)	un tiroir	
11)		une cuillère	24)	un toit	
12)		une robe	25)	un plafond	
13)	un pantalon		26)		une cave

partie 4. 국적 및 직업

1
국 적

01.

	남성 (masculin)	여성 (féminin)
1)	Il est coréen. 그는 한국사람이다.	Elle est coréenne
2)	Jean est français. 쟝은 프랑스인이다.	Marie est française.
3)	Mon ami est japonais. 내 친구는 일본인이다.	Son amie est japonaise.
4)	Mon père est américaine. 아버지는 미국인이다.	Ma mère est américaine
5)	Pierre est italien. P는 이태리인이다.	Yves est italienne.
6)	Son frère est allemand. 그의 동생은 독일인이다.	Sa sœur est allemande.
7)	Mon oncle est chinois. 삼촌은 중국인이다.	Ma tante est chinoise.
8)	Je suis grec. 나는 그리이스인이다.	Je suis grecque.
9)	Mon neveu est anglais. 조카는 영국인이다.	Ma nièce est anglaise.
10)	Son fils est polonais. 그의 아들은 폴란드인이다.	Sa fille est polonaise.
11)	Son mari est danois. 그의 남편은 네덜란드인이다.	Sa femme est danoise.

02.

1) Il est étudiant.
   a) coiffeur [미용사]   b) journaliste [신문기자]
   c) étudiant [학생]   d) chauffeur [운전사]

2) Elle est chanteuse.
   a) danseuse [무용수]   b) chanteuse [가수]
   c) comédienne [배우]   d) professeur [선생님]

3) Il est docteur.
   a) aviateur [비행사]   b) acteur [배우]
   c) directeur [책임자]   d) docteur [의사]

4) Elle est artiste.
a) musicienne [음악가] b) infirmière [간호사]
c) pharmacienne [약사] d) artiste [예술가]

5) Il est boulanger.
a) commerçant [상인] b) boulanger [빵집주인]
c) plombier [납세공] d) garagiste [정비공]

03.

	남성 **(masculin)**	여성 **(féminin)**
1)	Il est avovat. 그는 변호사다.	Elle est avocate.
2)	Jean est boulanger. 쟝은 빵집 주인이다.	Marie est boulangère.
3)	Mon ami est comédien. 내 친구는 연극배우이다.	Son amie est comédienne.
4)	Mon père est musicien. 아버지는 음악가이다.	Ma mère est musicienne.
5)	Pierre est commerçant. P 는 상인이다.	Sylvie est commerçante.
6)	Son frère est conducteur. 동생은 운전사다.	Sa sœur est conductrice.
7)	Mon oncle est journaliste. 삼촌은 기자다.	Ma tante est journaliste.
8)	Je suis coiffeur. 나는 미용사다.	Je suis coiffeuse.
9)	Mon neveu est dentiste. 조카는 치과의사다.	Ma nièce est dentiste.
10)	Son fils est acteur. 그의 아들은 배우다.	Sa fille est actrice.
11)	Son mari est infirmier. 그의 남편은 간호사다.	Sa femme est infirmière.

04.

1)	Il s'appelle Umberto. 그의 이름은 움베르토다. Il est étudiant. 그는 학생이다. Il a 23 ans. 그는 23세다. Il habite à Rome. 그는 로마에 산다.
2)	Il s'appelle Pierre. 그의 이름은 삐에르다. Il a 16 ans. 그는 16세다. Il est lycéen. 그는 고등학생이다. Il est français et il habite à Paris. 그는 프랑스인이고 파리에 산다.
3)	Elle s'appelle Marie. 그녀의 이름은 마리다. Elle a 30 ans. 그녀는 30세다. Elle est mariée. 그녀는 결혼했다. Elle est infirmière et elle travaille dans un hôpital. 그녀는 간호사이고 병원에서 근무한다.

➲ Umberto est étudiant.

a) professeur [선생님] b) étudiant [학생]
c) peintre [화가] d) chauffeur [운전수]

➲ Pierre habite à Paris.

a) Paris b) Marseille
c) Nice d) Montpellier

➲ Pierre est français.

a) français [프랑스인] b) américain [미국인]
c) italien [이태리인] d) grec [그리이스인]

➲ Marie est infirmière.

a) infirmière [간호원] b) pharmacienne [약사]
c) étudiante [학생] d) coiffeuse [미용사]

➲ Marie travaille à l'hôpital.

a) la pharmacie [약국] b) la bibliothèque [도서관]
c) l'hôpital [병원] d) la maison [집]

partie 5. 명사

01.

	M	F	M, F		M	F	M, F
1)		cravate [넥타이]		8)	vendeur [판매인]		
2)	rasoir [면도기]			9)			adversaire [적수]
3)		lionne [암사자]		10)		gomme [지우개]	
4)			artiste [예술가]	11)			élève [학생]
5)		actrice [여배우]		12)	candidat [후보자]		
6)	paysan [농부]			13)		cousine [사촌]	
7)			camarade [동료]	14)	bonbon [사탕]		

02.

	S	P		S	P
1)	un gaz		8)	une voiture	
2)		des oiseaux	9)	une montre	
3)	une noix		10)		des chansons
4)		des cadeaux	11)	un crayon	
5)		des chevaux	12)		des vins
6)	un jeu		13)		des mois
7)		des genoux	14)	un gâteau	

03.

	M	F		M	F
1)	un ami	une amie	8)	un oncle	une tante
2)	un étudiant	une étudiante	9)	un coiffeur	une coiffeuse
3)	un roi	une reine	10)	un avocat	une avocate
4)	un parisien	une parisienne	11)	un comédien	une comédienne
5)	un chanteur	une chanteuse	12)	un vendeur	une vendeuse
6)	un acteur	une actrice	13)	un épicier	une épicière
7)	un père	une mère	14)	un frère	une sœur

04.

1)	cheval	chevaux	5)	madame	mesdames
2)	festival	festivals	6)	œil	yeux
3)	vitrail	vitraux	7)	monsieur	messieurs
4)	détail	détails	8)	bal	bals

partie 6. avoir, Être

01.

1)	Tu (as) quel âge? 너 몇 살이니?
2)	J'(ai) une voiture. 나는 자동차 한 대가 있다.
3)	Ils (ont) une maison à Paris. 그들은 파리에 집이 있다.
4)	On (a) trois chiens. 우린 개가 세 마리 있다.
5)	Nous (avons) un rendez-vous avec Marie. 우린 마리와 약속이 있다.
6)	Vous (avez) des frères? 당신 형제가 있어요?
7)	Combien d'enfants (as)-tu? 아이가 몇이니?
8)	Il (a) 50 ans. 그는 50살이다.

02.

1)	Il a deux chats. 그는 고양이 두 마리를 가지고 있다.
2)	Tu as des disques de Patricia Kaas? 너 P. K의 음반을 가지고 있니?
3)	Il y a un livre sur la table. 책상위에 책이 한권 있습니다.
4)	Combien d'enfants avez-vous? 아이가 몇이세요?
5)	J'ai trois jours de congé. 삼일간의 휴가를 얻었어.
6)	Il a un bel avenir devant lui. 그의 앞에는 찬란한 미래가 있다.
7)	Ma mère a 76 ans. 나의 어머니는 76세입니다.
8)	Nous avons un ami français. 우린 프랑스 친구가 있습니다.

03.

1)	Il (a) des sœurs (à) Nice. 그는 니스에 자매가 있다.
2)	Elle (a) un travail (à) Paris, et son mari travaille (à) Rome. 그녀는 파리에 일자리를 가지고 있고 남편은 로마에서 일한다.
3)	Pierre (a) un billet de match de tennis (à) Bercy. 삐에르는 베르씨에서 하는 테니스 시합표를 가지고 있다.
4)	Tu (as) un chien et lui, il (a) un chat. 너는 개가 있고 그는 고양이가 있다.
5)	Mon père (a) une maison (à) la campagne. 나의 아버지는 교외에 집을 가지고 계신다.
6)	Il y (a) beucoup de monde (à) l'Hôtel de Ville. 시청에 사람들이 많다.
7)	On (a) rendez-vous (à) 10 heures (à) la gare. 우린 역에서 10시에 약속이 있어.
8)	Tu (as) quelque chose (à) me donner? 너 나한테 뭔가 줄 것이 있니?

04.

1)	Je (suis) coréen. 나는 한국인이다.
2)	Nous (sommes) devant l'église. 우린 교회 앞에 있습니다.
3)	Tu (es) étudiant? 너 학생이니?
4)	Elle (est) journaliste et lui, il (est) chanteur. 그녀는 기자이고 그는 가수다.
5)	Ils (sont) très sympas, n'(est)-ce pas? 그들은 매우 상냥하군요, 안 그렇습니까?
6)	Vous (êtes) où? 당신 어디에 있어요?
7)	Pierre et Marie (sont) à la bibliothèque. P 와 M 는 도서관에 있다.
8)	(Êtes)-vous content? 만족하십니까?

05.

1)	Ils sont japonais? 그들은 일본사람이니? Non. Ils sont chinois. 아니, 그들은 중국인이야.
2)	Où est Paul? 뽈은 어디있니? Il est chez une amie. 여자 친구 집에 있어.
3)	Qu'est-ce que c'est? 이것이 무엇입니까? C'est un cahier. 그것은 공책입니다.
4)	Es-tu content? 만족하니?
5)	Nous sommes étudiants. 우리는 학생입니다.
6)	Est-ce qu'il est malade? 그 사람 아파요?
7)	Marie est hôtesse de l'air. 마리는 스튜디어스야.
8)	C'est un grand menteur. 그는 엄청난 거짓말장이야.

06.

1)	Il (est) docteur, (et) elle, elle (est) pharmacienne. 그는 의사이고, 그녀는 약사이다.
2)	Marie (est) à Paris (et), Paul (est) à Lyon. 마리는 파리에 있고 뽈은 리용에 있습니다.
3)	Tu (es) gentil (et) sympa. 너는 친절하고 상냥하구나.
4)	Je travaille à la banque, (et) toi? 나는 은행에서 일해. 너는?
5)	J'(ai) une voiture (et) Paul a une moto. 너는 자동차를 가지고 있고, 뽈은 오토바이를 가지고 있다.
6)	Il (est) japonais? 그는 일본사람입니까? Oui, c'est un vrai japonais. 예, 그는 전형적인 일본인입니다.

07.

1)	Monsieur Kim a quarante-deux ans. 김선생님은 42살입니다. Il est coréen. 그는 한국인입니다.
2)	Il est professeur de français. 그는 프랑스어 선생님입니다. Il travaille à l'université. 그는 대학교에서 일을 합니다.
3)	Il est marié et sa femme s'appelle Marie. 그는 결혼을 했습니다. 아내의 이름은 마리입니다.
4)	Elle a quarante ans. 그녀는 40살입니다. Elle est aussi professeur de français. 그녀 또한 프랑스어 선생님입니다.
5)	Pierre et Marie ont deux enfants; un garçon et une fille. 삐에르와 마리는 아이가 둘 있는데, 하나는 사내아이고 하나는 딸입니다.
6)	Le garçon, Xavier a 17 ans, il est lycéen. 아들인 쟈비에는 17살이고, 고등학생입니다.
7)	La fille, Juliette a 14 ans, elle est collégienne. 딸인 줄리엣은 14살이고, 중학생입니다.
8)	Ils ont une maison à la campagne et ils sont très heureux. 그들은 교외에 집이 있고 아주 행복합니다.

partie 7. 주어, 강세인칭대명사

01.

1)	Ils ont un garçon et une fille. 그들은 아들 하나와 딸 하나다.
2)	Nous avons une belle maison. 우린 아름다운 집을 가지고 있다.
3)	Vous avez un chien? 당신 개가 있어요?
4)	Tu as un appartement? 너 아파트 있니?
5)	Il, Elle a 45 ans. 그(녀)는 45세이다.
6)	J' ai mal à la tête. 나는 머리가 아프다.

02.

1)	Vous êtes pharmacien? 당신 약사에요? Oui, je suis pharmacien. 예, 나는 약사입니다.
2)	Tu as mal au ventre? 너 배가 아프니? Oui, j'ai mal au ventre. 응, 난 배가 아파.
3)	Vous êtes fatigués? 당신들 피곤해요? Oui, nous sommes fatigués. 예, 우리는 피곤해요.
4)	Vous êtes libre demain? 당신 내일 시간있어요? Oui, je suis libre demain. 예, 나는 내일 시간이 있어요.
5)	Vous avez des animaux? 당신들 동물을 키웁니까? Oui, nous avons des animaux. 예, 우린 동물을 키워요.

03.

1)	Vous êtes infirmière, Madame? 당신은 간호사에요?
2)	Ils sont étudiants? 그들은 학생입니까?
3)	Vous avez une voiture, Monsieur Durand? 뒤랑씨, 자동차가 있어요?
4)	Tu as un stylo, maman? 엄마, 만년필 있어요?
5)	Tu es beau, mon chéri. 여보, 당신은 잘생겼어요.
6)	Tu as un beau sourire, Marie. 마리, 당신은 아름다운 미소를 가졌구려.

04.

1)	Moi, j'achète ce livre, et toi, tu achètes ce cahier. 나는 이 책을 살 테니까 너는 이 공책을 사.
2)	Paul et toi, vous allez au cinéma? 뽈하고 너는 극장에 가니?
3)	Ils m'ont invité chez eux. 그들은 나를 집으로 초대했어.
4)	Il travaille avec moi. 그는 나와 함께 일해.
5)	C'est lui qui a raison. 옳은 것은 그야.
6)	Moi, je suis français. 나는 프랑스인이야. Toi, tu es italien? 너는 이탈리아인이니?
7)	Lui, il a une fille. Et toi, tu as aussi une fille? 그는 딸이 있는데 너도 딸이 있니?
8)	Elle, elle a 45 ans. Et moi, j'ai 46 ans. 그녀는 45살이고 나는 46이야.
9)	Eux, ils sont médecins. Et vous, vous êtes infirmières? 그들은 의사에요, 당신들은 간호사입니까?
10)	Nous, nous sommes acteurs. Et vous, vous êtes chanteuses? 우리는 배우에요, 당신들은 가수입니까?

partie 8. 형용사와 대명사

1

품질 형용사

01.

		M	F			M	F
1)	grand[큰]	0		11)	lourd[무거운]	0	
2)	petit[작은]	0		12)	intelligente[영리한]		0
3)	bonne[좋은]		0	13)	folle[미친]		0
4)	actif[활동적인]	0		14)	malheureux[불행한]	0	
5)	belle[아름다운]		0	15)	mignon[귀여운]	0	
6)	léger[가벼운]	0		16)	ancienne[오래된]		0
7)	gentil[친절한]	0		17)	doux[부드러운]	0	
8)	mauvaise[나쁜]		0	18)	vieille[낡은]		0
9)	nouvelle[새로운]		0	19)	vert[녹색의]	0	
10)	gros[뚱뚱한]	0		20)	méchante[심술궂은]		0

02.

	M	F		M	F
1)	français[프랑스의]	française	8)	vieux[낡은]	vieille
2)	gentil[친절한]	gentille	9)	gros[뚱뚱한]	grosse
3)	nouveau[새로운]	nouvelle	10)	long[긴]	longue
4)	neuf[새것의]	neuve	11)	blanc[흰 색의]	blanche
5)	heureux[행복한]	heureuse	12)	beau[아름다운]	belle
6)	complet[완벽한]	complète	13)	actif[활동적인]	active
7)	bon[좋은]	bonne	14)	bas[-밑에]	basse

03.

1)	C'est une maison [ancienne]. 이것은 오래된 집이다.
2)	C'est la[dernière] chance pour toi. 너한테는 이게 마지막 기회야.
3)	Je suis [heureuse] de vous connaître. 당신을 알게 되어 반갑습니다.
4)	Ils sont[contents] de ce résultat. 그들은 이 결과에 만족합니다.
5)	Cette robe coûte trop [cher]. 이 옷은 값이 너무 비싸다.
6)	Paul est un [excellent] étudiant. 뽈은 훌륭한 학생입니다.
7)	Ce gâteau est [bon]. 이 케익은 맛이 좋습니다.
8)	Il a les cheveux [longs]. 그는 긴 머리카락을 가지고 있습니다.
9)	Il faut céder la place à la [vieille] femme. 할머니께 자리를 양보해야 한다.
10)	Cette table est [grande]. 이 책상은 크다.

04.

1)	Il est coréenne, mais sa femme est japonais. 그는 한국인이지만 그의 아내는 일본여자다.	coréen japonaise
2)	L'eau est chaud. 물이 뜨겁다.	chaude
3)	Cet appartement est trop ancienne. 이 아파트는 너무 오래되었다.	ancien
4)	Elle est trop mignon! 그녀는 너무 귀여워.	mignnone
5)	Il est belle, mais un peu petite. 그는 잘생겼지만 약간 작아.	beau
6)	Il est gentil et sa fille est beau. 그는 친절하고 그의 딸은 아름답다.	belle
7)	Elle a un caractère très doux. 그녀는 아주 부드러운 성격을 가지고 있다.	douce
8)	Cette voiture est toute neuf. 이 차는 아주 새거야.	neuve
9)	Je voudrais de l'eau fraîs. 차가운 물 좀 주세요.	fraîche
10)	Elle est un peu fou. 그녀는 약간 돌았어.	folle

05.

		M	F
1)	(　　) est gentil et souriant. (　　)는 친절하고 미소를 머금는다.	0	
2)	(　　) est belle et grande. (　　)는 아름답고 키가 크다.		0
3)	(　　) est petit mais costaud. (　　) 는 키는 작지만 탄탄하다.	0	
4)	(　　) est toujours fatiguée et nerveuse. (　　) 는 항상 피곤해하고 신경질적이다.		0
5)	(　　) est gai et actif. (　　)는 쾌활하고 활동적이다.	0	
6)	(　　) est studieux et prudent. (　　) 는 부지런하고 신중하다.	0	
7)	(　　) est blonde et mince. (　　) 는 금발이며 날씬하다.		0
8)	(　　) est vieux et faible. (　　) 는 늙었고 약하다.	0	

06.

1)	Ces chaises sont [neuves]. 이 의자들은 새거다.
2)	Ils mettent de [beaux] costumes. 그들은 멋있는 정장을 입는다.
3)	Nous cherchons des endroits [tranquilles]. 우린 조용한 장소를 찾습니다.
4)	Vous voulez des repas [légers]? 가벼운 식사를 원하십니까?
5)	Ce sont de[vieux] amis. 그들은 오래된 친구들이야.
6)	Anne et Patrick sont [gentils]. 안느와 빠트릭은 친절합니다.
7)	Elles sont [heureux] d'être venues ici. 그녀들은 이곳에 와서 기뻐합니다.
8)	Ce sont des affaires [délicates]. 이것은 미묘한 문제입니다.
9)	Il sont vraiment [beaux]. 그들은 정말 잘 생겼다.
10)	Nous sommes [libres] comme l'air. 우린 공기처럼 자유롭다.

07.

1)	Ces enfants sont bruyants. 이 어린이들은 시끄럽다.
2)	Cette histoire est vraiment intéressante. 이 이야기는 정말 흥미롭다.
3)	Nous sommes désolés de la mort de votre père. 당신 아버님의 죽음에 대해 유감을 표합니다.
4)	Ces bagages sont trop lourds. 이 가방들은 너무 무거워요.
5)	Sophie a deux vieilles poupées. 소피는 낡은 인형들을 가지고 있다.
6)	Voici de nouvelles voitures. 이것이 새로 나온 차들입니다.
7)	J'ai des amis très sympathiques. 나는 친절한 친구들이 있습니다.
8)	Mon père lit des journaux régionaux. 아버지는 지역신문들을 읽으십니다.
9)	Ces fauteuils sont anciens, mais très confortables. 이 안락의자들은 오래 됐지만 아주 편안합니다.
10)	Ce sont des marchands honnêtes. 그들은 정직한 상인들입니다.

2

지시 형용사와 지시 대명사

01.

1)	(　　) garçon	ce	7)	(　　) hommes	ces
2)	(　　) fille	cette	8)	(　　) histoire	cette
3)	(　　) hôtel	cet	9)	(　　) appartement	cet
4)	(　　) étudiant	cet	10)	(　　) ordinateurs	ces
5)	(　　) oiseau	cet	11)	(　　) livre	ce
6)	(　　) femme	cette	12)	(　　) tables	ces

02.

1)	Je veux acheter ce voiture. 나는 이 자동차를 사고 싶어요.	cette
2)	Cette ordinateur marche bien? 이 컴퓨터 잘 되요?	cet
3)	J'adore ce ville. 나는 이 마을을 아주 좋아합니다.	cette
4)	Il n'y a pas beaucoup de monde à cet heure-ci. 이 시간에는 사람들이 많이 없어요.	cette
5)	Tu me prêtes cette disque? 너 이 음반을 내게 빌려주겠니?	ce
6)	À qui est ce maison? 이 집은 누구의 것입니까?	cette
7)	Cet autobus ne vient jamais à l'heure. 이 버스는 결코 제시간에 오지를 않아.	
8)	Ça coûte combien, cette collier? 이 목걸이가 얼마입니까?	ce
9)	Je déteste ces actrice. 나는 이 여배우를 아주 싫어해.	cette
10)	Comment s'appelle-t-elle, ce jeune fille? 이 젊은 여인의 이름이 무엇이죠?	cette

03.

1)	Cet étudiant travaille bien. 이 학생은 공부를 잘합니다.
2)	Cette actrice joue bien. 이 여배우는 연기를 잘합니다.
3)	Je connais ces gens depuis longtemps. 나는 이 사람들을 오래전부터 알고 있습니다.
4)	Cette cravate te va bien. 이 넥타이는 너에게 잘 어울린다.
5)	Tu aimes ce film? 너 이 영화 좋아하니?
6)	Cet homme travaille à la poste. 그 남자는 우체국에서 일합니다.

04.

1) Cette maison est à qui? C'est celle de mon père.
이 집은 누구의 것이죠? 내 아버지의 것이에요.
2) Tu veux ce gâteau? Non, je préfère celui-là.
너 이 케익을 원하니? 아니. 저것을 원해.
3) Tu veux ça? Oui, merci.
너 이것을 원해? 응, 고마워.
4) Ces chiens sont à toi? Non, ce sont ceux de mon voisin.
이 개들이 네 것이니? 아니, 내 이웃의 것이야.
5) Vous aimez ces photos? Non, je préfère celles-là.
당신 이 사진들을 좋아해요? 아니오, 나는 저것들을 더 좋아해요.

05.

1) Toi, tu achètes ce vin. Moi, j'achète celui-là.
너는 이 포도주를 사. 나는 저것을 살게.
2) Vous prenez cette chaise. Moi, je prends celle-là.
당신 이 의자에 앉으세요. 난 저 의자에 앉을게요.
3) Tu aimes ce disque? Moi, j'adore ça.
너 이 음반을 좋아해? 나, 이것을 아주 좋아해.
4) Ma femme veut acheter cette maison, mais je veux acheter celle-là.
내 아내는 이 집을 사길 원하지만 나는 저 것을 사고 싶어.

3

소유형용사와 소유대명사

01.

1)	( ) fils	mon	7)	( ) tante	sa
2)	( ) mère	votre	8)	( ) grand-père	ton
3)	( ) frères	nos	9)	( ) petite-fille	ma
4)	( ) sœur	notre	10)	( ) mari	mon
5)	( ) cousin	son	11)	( ) belle-mère	ta
6)	( ) nièce	leur	12)	( ) oncle	ton

02.

1)	Je te présente [mon] ami, Pierre. 너에게 내 친구 삐에르를 소개할께.
2)	Ce sont [vos] enfants? 저 아이들이 당신의 아이들입니까?
3)	Elle vend [sa] bicyclette. 그녀는 그녀의 자전거를 판다.
4)	[Ton] chien n'aime pas [mon] chat. 네 개는 내 고양이를 좋아하지 않아.
5)	Tu connais [mes] parents? 너 내 부모님을 아니?
6)	Nous habitons chez [nos] parents. 우린 우리의 부모님댁에 살고 있어.
7)	[Ma] femme ne travaille pas aujourd'hui. 내 아내는 오늘 일하지 않아.
8)	Tu cherches encore [tes] clés? 너 아직도 네 열쇠들을 찾고 있니?
9)	Je porte [mes] bagages dans[ma] chambre. 나는 내 가방을 방에 가져다 둘 거야.
10)	Nous rangeons [ses] affaires. 우린 그의 사업을 정리할 거야.

03.

1)	C'est[mon] appareil-photo. 이것은 나의 사진기이다.
2)	[Ta] femme travaille tard? 네 부인은 늦게까지 일하니?
3)	Il met [ses] livres sur la table. 그는 그의 책들을 책상위에 놓는다.
4)	Nous invitons [nos] amis au dîner ce soir. 우린 오늘 저녁 우리 친구들을 초대합니다.
5)	Quelle est [votre] profession? 당신의 직업은 무엇입니까?
6)	Les étudiants aiment beaucoup [leur] professeur. 학생들은 그들의 선생님을 매우 좋아합니다.
7)	[Ma] petite amie adore la musique classique. 내 애인은 고전음악을 아주 좋아합니다.
8)	Tu donnes un cadeau à [tes] enfants? 너 너의 아이들에게 선물을 주었니?
9)	Vous partez en vacances avec [vos] amis? 당신은 당신의 친구들과 여행를 떠납니까?
10)	Elles préparent [leur] examen. 그녀들은 그녀들의 시험을 준비합니다.

04.

1)	Je vous présente ma famille. Mes parents sont en retraite. 당신께 내 가족을 소개할께요. 내 부모님은 정년퇴직을 하셨구요.
2)	Mon frère a 45 ans. Sa petite amie est française. 나의 형은 45살입니다. 애인은 프랑스인 입니다.
3)	Ma sœur est étudiante. Elle invite souvent ses amis chez nos parents. 내 누이동생은 학생입니다. 그녀는 자주 친구들을 부모님 집에 초대합니다.
4)	Paul vit seul à Paris? Non, il habite avec son ami, Jean. 뽈은 파리에 혼자 사니? 아니, 친구인 쟝과 함께 살아.
5)	Qu'est-ce que tu fais demain? Je vais au cinéma avec ma femme. 내일 뭐할꺼니? 아내와 극장에 갈 거야.
6)	Tu as des nouvelles de Jean et Pierre? Oui, ils sont chez leur ami. 너 쟝과 삐에르의 소식을 아니? 응, 그들은 친구집에 있어.
7)	Ces livres sont à Marie? Oui, ce sont ses livres. 이 책들이 마리꺼니? 응. 그녀의 책들이야.
8)	Qui est cet homme dans la photo? C'est mon grand-père. 이 사진 속에 남자는 누구야? 할아버지셔.
9)	Où sont vos enfants? Ils sont dans leurs chambres. 당신 아이들은 어디 있어요? 자기들 방에 있어요.
10)	Elle très belle, votre maison! Non! Ce n'est pas notre maison. 당신 집이 참 멋있군요. 아니에요, 우리 집이 아닙니다.

05.

1)	Ton fils est grand et le mien est petit. 너의 아들은 키가 크고 나의 아들은 키가 작아.
2)	Votre voiture est jaune et la mienne est rouge. 당신의 자동차는 노란 색이고 나의 것은 붉은 색이야.
3)	Votre mari est gentil, le mien est sympathique. 당신의 남편은 상냥하고 내 남편은 친절해요.
4)	Votre père est médecin, le mien est professeur. 당신의 아버지는 의사고 내 아버지는 선생님입니다.
5)	Vos enfants sont lycéens, les miens sont étudiants. 당신의 아이들은 고등학생이고 나의 애들은 대학생입니다.

06.

1)	Cette chaise est à toi? 이 의자가 네 것이니?	Oui, c'est la mienne. 응, 내것이야.
2)	Ces stylos sont à Jean? 이 만년필이 장의 것입니까?	Oui, ce sont les siens. 예, 그의 것입니다.
3)	Cette maison est à Marie? 이 집이 마리의 것이니?	Oui, c'est la sienne. 응, 그녀의 것이야.
4)	Cette voiture est à vos parents? 이 자동차는 당신 부모님 것입니까?	Oui, c'est la leur. 예, 그들의 것이에요.
5)	Mon fils est lycéen et le vôtre est étudiant. 내 아들은 고등학생이고 당신 아들은 대학생입니다.	
6)	Sa maison est près de la gare mais la nôtre est loin de la gare. 그의 집은 역에서 가깝지만 우리의 집은 역에서 멀어요.	
7)	Leurs enfants travaillent bien à l'école. Les tiens aussi? 그들의 아이들은 학교에서 공부를 잘해. 너의 아이들도 그러니?	

4

의문형용사와 대명사

01.

1)	Quel livre choisissez-vous? 어떤 책을 고르시겠어요?
2)	Quelle maison achetez-vous? 어떤 집을 사시겠어요?
3)	Quel film voulez-vous voir? 어떤 영화를 보길 원하십니까?
4)	Quels amis invitez-vous? 어떤 친구들을 초대하실거죠?
5)	Quel est votre nom? 당신의 이름은 무엇입니까?
6)	Quel âge avez-vous? 당신은 몇 살입니까?
7)	Quel temps fait-il aujourd'hui? 오늘 날씨가 어때요?
8)	Quelle est votre nationalité? 당신의 국적은 무엇입니까?
9)	Quelle est votre adresse? 당신의 주소는 어떻게 되죠?
10)	Quelle heure est-il? 몇 시입니까?

02.

1)	Qu'est-ce que vous faites ici? 당신 여기서 뭐해요?
2)	Que voulez-vous prendre? 무엇을 드시겠어요?
3)	Qui est-ce? 저 사람은 누구니?
4)	Vous regardez quoi? 당신 무엇을 보고 있어요?
5)	Qu'est-ce que c'est? 이것이 무엇입니까?
6)	Qu'est-ce que vous buvez comme boisson? 음료수로 무엇을 마시겠어요?
7)	Qu'est-ce que vous dites? 당신 뭐라고 하셨죠?
8)	Qu'est-ce que vous achetez? 무엇을 사세요?

03.

1)	Que voulez-vous de moi? 내게서 무엇을 원합니까?
2)	Quel genre de musique aimez-vous? 어떤 음악을 좋아하세요?
3)	À quoi pensez-vous? 당신 무엇을 생각하세요?
4)	À qui téléphonez-vous? 당신 누구에게 전화합니까?
5)	Je ne sais pas quoi faire. 나는 무엇을 해야 할지 모르겠어.
6)	Pour qui me prenez-vous? 당신 나를 뭘로 보는거죠?
7)	De quoi s'agit-il? 무엇에 관한 것입니까?

5
부정형용사와 부정대명사

01.

1)	Je n'ai plus d'ordinateur. 나는 더 이상 컴퓨터가 없어.
2)	Il n'y a personne ici. 여기에는 아무도 없어.
3)	Je ne vois rien. 나는 아무 것도 보이지 않는다.
4)	Je ne bois jamais de café. 난 결코 커피를 마시지 않아.
5)	Je n'ai aucune place. 자리가 전혀 없어.
6)	Je ne pense à rien. 나는 아무 것도 생각 안해.
7)	Je ne téléphone à personne. 난 아무에게도 전화하지 않아.

02.

1)	Tu attends quelqu'un? 너 누구를 기다리니?	Non, je n'attends personne. 아무도 기다리지 않아.
2)	Tu as encore faim? 너 아직 배고프니?	Non, je n'ai plus faim. 아니 더 이상 고프지 않아.
3)	Il est déjà arrivé? 그가 벌써 도착했니?	Non, il n'arrive jamais à l'heure. 아니, 그는 결코 제시간에 오지 않아.
4)	On sort ce soir? 오늘 저녁에 외출할까?	Non, je n'ai aucune envie de sortir. 아니 전혀 외출하고 싶지 않아.
5)	Il a encore fait des erreurs. 그는 또 실수를 했어.	Personne n'est parfait. 누구도 완벽하지는 않아.

03.

1)	Tu travailles encore le samedi? 너 아직도 토요일에 일하니?	Non, je ne travaille jamais le samedi. 아니, 난 결코 토요일에 일을 하지 않아.
2)	Vous cherchez quelqu'un? 당신 누구를 찾으세요?	Non, je ne cherche personne. 아니오, 아무도 찾지 않아요.
3)	Vous avez beaucoup d'amis? 당신 친구가 많아요?	Non, je n'ai aucun ami. 아니오, 친구가 전혀 없어요.
4)	Vous avez toujours faim? 당신 여전히 배가 고파요?	Non, je n'ai plus faim. 아니오, 더 이상 배가 고프지 않아요.
5)	Vous avez des problèmes? 문제가 있습니까?	Non, je n'ai aucun problème. 아니오, 아무 문제 없어요.
6)	Quelqu'un m'a cherché? 나를 찾는 사람이 있었어요?	Non, personne ne vous a cherché. 아니오, 아무도 당신을 찾지 않았어요.

6

직 · 간접목적보어 인칭대명사

01.

1)	Tu prends le métro tous les matins? Oui, je le prends tous les matins. 너 매일 아침 지하철을 타니? 응, 매일 그것을 타.
2)	Vous écoutez souvent la radio? Oui, je l'écoute tous les soirs. 당신 라디오를 자주 들어요? 예, 매일 저녁 그것을 들어요.
3)	Vous achetez ces disques? Oui, je les achète. 당신 이 음반을 삽니까? 예, 그것들을 사요.
4)	Vous vendez votre ordinateur? Oui, je le vends. 당신의 컴퓨터를 팝니까? 예, 그것을 팝니다.
5)	Vous aimez cette chanson? Oui, je l'aime bien. 당신 이 노래를 좋아해요? 예, 그 노래를 아주 좋아해요.
6)	Vous connaissez cet homme? Oui, je le connais bien. 당신 이 남자를 알아요? 예, 그를 잘 압니다.
7)	Tu m'attends un instant? Oui, je t'attends. 너 나를 잠깐 기다릴래? 알았어, 기다릴게.
8)	Vous l'invitez ce soir? Oui, je l'invite à dîner au restaurant. 당신 그를 오늘 저녁에 초대해요? 예, 그를 식당에 저녁초대 합니다.
9)	Tu le comprends? Oui, je le comprends parfaitement. 너 이것을 이해하겠니? 응, 완전히 이해하지.
10)	Vous le voyez? Bien sûr, je le vois clairement. 당신 이게 보여요? 물론이죠, 잘 보입니다.

02.

1)	Je t'interdis de sortir ce soir. 나는 네가 오늘 저녁 외출하는 것을 금한다.
2)	Si tu as besoin d'aide, tu peux me téléphoner. 도움이 필요하면 내게 전화해도 돼.
3)	Mes parents me fatiguent. Ils répètent toujours la même chose. 내 부모님은 나를 피곤하게 해. 그들은 늘 똑같은 것을 되풀이하지.
4)	Tu me prêtes 100 euros? Je te les rendrai la semaine prochaine. 나한테 100 유로만 빌려줄래? 다음 주에 갚을게.
5)	Elle leur enseigne le français. 그녀는 그들에게 프랑스어를 가르친다.
6)	Je lui passerai un coup de fil demain. 내일 그에게 내가 전화를 할 거야.

03.

1)	Je te cherchais partout. 나는 너를 사방으로 찾아다녔어.
2)	Il lui écrit une lettre une fois par semaine. 그는 그에게 일주일에 한 번씩 편지를 써.
3)	Je leur téléphone tous les jours. 나는 매일 그들에게 전화해.
4)	Je peux vous poser une question? 당신께 질문을 해도 됩니까?
5)	Les enfants t'obéissent bien? 아이들이 너에게 잘 복종하니?
6)	Il nous prête sa voiture. 그는 우리들에게 그의 차를 빌려준다.

7

수 형용사

01.

1)	10	dix	11)	12	douze
2)	20	vingt	12)	21	vingt et un
3)	30	trente	13)	34	trente-quatre
4)	40	quarante	14)	42	quarante-deux
5)	50	cinquante	15)	56	cinquante-six
6)	60	soixante	16)	67	soixante-sept
7)	70	soixante-dix	17)	78	soixante-dix-huit
8)	80	quatre-vingt	18)	84	quatre-vingt-quatre
9)	90	quatre-vingt-dix	19)	91	quatre-vingt-onze
10)	100	cent	20)	99	quatre-vingt-dix-neuf

02.

1)	neuf	9	11)	quatre	4
2)	treize	13	12)	quatorze	14
3)	vingt-quatre	24	13)	vingt-neuf	29
4)	trente-cinq	35	14)	trente-six	36
5)	quarante-quatre	44	15)	quarante-deux	42
6)	cinquante-et-un	51	16)	cinquante-cinq	55
7)	soixante-trois	63	17)	soixante-huit	68
8)	soixante-douze	72	18)	soixante-quinze	75
9)	quatre-vingt-un	81	19)	quatre-vingt-un	81
10)	quatre-vingt-onze	91	20)	quatre-vingt-dix-sept	97

03.

1)	douze, trente-trois, seize, vingt-sept	12-33-16-27
2)	quarante-huit, quatre-vingt-trois, dix, neuf	48-83-10-09
3)	onze, vingt-deux, soixante-deux, trente-quatre	11-22-62-34
4)	quatre-vingt-onze, dix-huit, sept, trente	91-18-07-30
5)	vingt et un, cinquante-deux, quatre, soixante	21-52-04-60
6)	quatre-vingt-quinze, onze, quatorze, quinze	95-11-14-15

04.

1)	12-23-( )-50	seize	5)	21- ( ) -11-6	cinquante
2)	06-62-71-( )	quatre-vingt	6)	46-63-40- ( )	trente
3)	48-( )-96-58	quinze	7)	24-( )-82-82	soixant-dix
4)	11-22-33-( )	quarante-quatre	8)	( ) -35-52-60	douze

05.

1)	trois cent douze	7)	cinq mille cinq cent dix
2)	neuf cent soixante-dix-sept	8)	quatre-vingt mille deux cents
3)	cinq cent cinquante	9)	cinquante-cinq mille cinq
4)	deux mille trois cent dix-huit	10)	treize mille trente-dix
5)	dix mille	11)	cent douze mille six cents
6)	mille huit cent quarante-deux	12)	trente mille vingt-quatre

06.

1)	230	deux cent trente	7)	23209	vingt-trois mille deux cent neuf
2)	2001	deux mille un	8)	61070	soixante et un mille soixante-dix
3)	8546	huit mille cinq cent quarante-six	9)	1010	mille dix
4)	13000	treize mille	10)	50000	cinquante mille
5)	965	neuf cent soixante-cinq	11)	123456	cent vingt trois mille quatre cent cinqaunte-six
6)	13819	treize mille huit cent dix-neuf	12)	999	neuf cent quatre-vingt-dix-neuf

07.

1)	Il est neuf heures.	7)	Il est onze heures trente-cinq.
2)	Il est treize heures cinquante.	8)	Il est vingt-trois heures dix.
3)	Il est dix-sept heures.	9)	Il est dix-neuf heures quarante.
4)	Il est midi.	10)	Il est quatorze heures douze.
5)	Il est minuit.	11)	Il est deux heures cinquante-cinq.
6)	Il est dix-huit heures vingt.	12)	Il est onze heures vingt-deux.

08.

1)	11 h 30	onze heures et demie	5)	24 h	minuit
2)	16 h 45	dix-sept heures moins le quart	6)	20 h 55	vingt-et une heures moins cinq.
3)	12 h 10	douze heures dix.	7)	22 h 32	vingt-deux heures trente-deux
4)	9 h 20	neuf heures vingt	8)	13 h 11	treize heures onze

Partie 9. 동사

1

동사의 종류

01.

1)	Vous aimez le cinéma? 당신 영화를 좋아해요?	aimer
2)	Je regarde la télé. 나는 TV를 본다.	regarder
3)	Il écoute une chanson. 그는 노래를 듣는다.	écouter
4)	Ils travaillent tous les jours. 그들은 매일 일해.	travailler
5)	Tu cherches un travail? 너 일자리를 찾고 있니?	chercher

02.

1)	Nous commençons le travail à 9 heures. 우리는 9시에 일을 시작합니다.	commencer
2)	Elle achète des fruits au marché. 그녀는 시장에서 과일을 산다.	acheter
3)	Il révise les leçons. 그는 배운 것을 복습한다.	réviser
4)	Mon frère envoie une lettre aux parents. 내 동생이 부모님께 편지를 쓴다.	envoyer
5)	Ma mère lave des vêtements. 나의 어머니가 옷을 빠신다.	laver
6)	Elles appellent le médecin. 그녀들은 의사를 부른다.	appeler
7)	Je préfère l'hiver. 나는 겨울을 더 좋아해.	préférer
8)	Il paie en espèces. 그는 현금으로 지불한다.	payer

03.

1)	Tu [connais] mon ami, Jean? 너 내 친구 쟝을 아니?
2)	Quel âge [avez]-vous? 당신 나이가 몇이세요?
3)	Qu'est-ce que vous [faites] dans la vie? 당신의 직업은 무엇입니까?
4)	Il [sait] parler français. 그는 프랑스어를 말할 줄 압니다.
5)	Mon père [lit] le journal. 나의 아버지는 신문을 읽고 계십니다.
6)	Ils [prennent] un taxi pour ne pas être en retard. 그들은 늦지 않기 위해 택시를 탑니다.
7)	Nous [devons] terminer ce travail. 우린 이 일을 끝내야 합니다.
8)	Ils [peuvent] gagner le match de football. 그들은 축구시합에서 이길 수 있습니다.
9)	Vous [voulez] un peu de café? 당신 커피를 원하세요?
10)	Quand est-ce qu'elle [part]? 그녀는 언제 떠납니까?
11)	Je [sors] ce soir. 나는 오늘 저녁에 외출합니다.
12)	Il [boit] trop. 그는 술을 너무 많이 마십니다.

04.

1)	Je [mets] cette cravate. 나는 이 넥타이를 맵니다.
2)	Quand [finis]-tu ton travail? 너 일이 언제 끝나니?
3)	Ils [écrivent] une lettre à leurs amis. 그들은 친구들에게 편지를 쓴다.
4)	Je [vais] à l'aéroport. 나는 공항에 갑니다.
5)	Tu [viens] à quelle heure? 너 몇 시에 올꺼니?
6)	Les étudiants [obéissent] bien à leur professeur. 학생들은 선생님께 잘 복종합니다.
7)	Vous [dormez] encore? 당신 아직도 자고 있어요?
8)	Elle [répond] à la question du professeur. 그녀는 선생님의 질문에 대답합니다.
9)	Ils [vendent] une maison sur la colline. 그들은 언덕 위에 있는 집을 팝니다.
10)	Elle [conduit] bien. 그녀는 운전을 잘합니다.

05.

1)	Il [descend] de l'escalier. 그는 계단을 내려갑니다.
2)	Je [reviens] dans une semaine. 나는 일주일 후에 돌아올 거예요.
3)	Est-ce qu'il [prend] le métro? 그가 전철을 탑니까?
4)	Tu [comprends] la situation? 너 상황을 이해하겠니?
5)	Il [perd] son portefeuille. 그는 지갑을 잃어버렸다.
6)	Le chien [mord] le facteur. 개가 우편배달부를 물었다.
7)	Elle [ouvre] la porte. 그녀는 문을 연다.
8)	Qu'est-ce qu'il [fait] pendant les vacances? 그는 방학에 뭐합니까?
9)	Je [dois] m'en aller. 나는 가야만 합니다.

06.

1)	Tu choisis quelle cravate pour la soirée? 저녁 만찬때 어떤 넥타이를 고를 꺼니?
2)	Vous réfléchissez avant de répondre. 대답하기 전에 심사숙고 하세요.
3)	Qu'est-ce que tu fais pendant les vacances? 휴가 때 뭐하니?
4)	Vous pouvez venir avec nous? 당신 우리와 함께 갈 수 있어요?
5)	Tu dois rentrer avant de pleuvoir. 너는 비가 오기 전에 돌아가야 해.
6)	Qu'est-ce qu'ils veulent exactement? 그들이 원하는 게 정확히 뭐야?
7)	Tu peux traduire cette phrase? 너 이 문장을 번역할 수 있어?
8)	Il faut conduire doucement quand il neige. 눈이 올때는 조심해서 운전을 해야 합니다.
9)	Il prend toujours un café après les repas. 그는 항상 식사후에 커피를 마신다.
10)	Vous voyez quelque chose? 뭐가 보여요?
11)	Qu'est-ce que vous dites? 뭐라구 하셨죠?
12)	Tu vas où? 너 어디 가니?

2

동사의 시제

01.

1)	Il a[mangé] de la viande. 그는 고기를 먹었습니다.
2)	Nous avons[préparé] le petit-déjeuner. 우린 아침식사를 준비했다.
3)	Pierre a[donné] de l'argent à sa femme. P는 아내에게 돈을 주었다.
4)	Ils ont[travaillé] ensemble dans la même banque. 그들은 같은 은행에서 함께 일했다.
5)	Il a[joué] au tennis avec Jean. 그는 장과 테니스를 쳤다.
6)	Ils ont[visité]la Corée du Sud. 그는 한국을 방문했다.
7)	J'ai enfin[résolu] ce problème. 나는 마침내 이 문제를 해결했다.
8)	Vous avez[dit] quelque chose? 뭐라고 말씀하셨어요?
9)	Qu'est-ce qu'il a[fait] pendant les vacances? 그는 방학동안 무엇을 했니?
10)	On a[rencontré] Paul devant la bibliothèque. 우린 뽈을 도서관 앞에서 만났다.
11)	Ils ont[dîné] au restaurant. 그들은 식당에서 저녁을 먹었다.
12)	J'ai[reçu] une lettre de ma mère. 나는 어머니에게서 편지를 받았다.
13)	Tu as[réfléchi] avant d'agir? 행동하기 전에 심사숙고 했어?
14)	Elle a[changé] d'avis. 그녀는 의견을 바꿨다.
15)	Pierre a[travaillé] pendant toute la journée. P는 하루종일 일했다.

02.

1)	Elle est[rentrée] vers minuit. 그녀는 자정경에 귀가했다.
2)	Ils sont[partis] pour toujours. 그들은 영원히 떠났다.
3)	Paul et moi, nous sommes[allés] au café. P와 나는 까페에 갔다.
4)	Marie est[venue]? 마리가 왔어?
5)	Elles sont[entrées] dans la chambre. 그녀들은 방으로 들어갔다.
6)	Monsieur Dupont! Vous êtes[revenu] hier soir? 뒤퐁씨! 당신 어제 저녁에 되돌아왔어요?
7)	Ils sont[morts] d'un accident de voiture. 그들은 자동차 사고로 죽었다.
8)	Elle est[née] à Séoul. 그녀는 서울에서 태어났다.
9)	Il est[tombé] de l'échelle. 그는 사닥다리에서 떨어졌다.
10)	Le train est[arrivé] à la gare. 기차가 역에 도착했다.

03.

		동사원형	과거분사
1)	On écoute la radio. 우린 라디오를 듣는다.	écouter	écouté
2)	Mon père regarde un match de football. 아버지가 축구게임을 보신다.	regarder	regardé
3)	Nous mangeons du fromage. 우린 치즈를 먹는다.	manger	mangé
4)	Ils prennent le petit-déjeuner. 그들은 아침식사를 한다.	prendre	pris
5)	Elle étudie le français. 그녀는 프랑스어를 공부한다.	étudier	étudié
6)	Je déteste le jazz. 나는 재즈를 싫어해.	détester	détesté
7)	Il adore la chanson française. 그는 샹송을 아주 좋아한다.	adorer	adoré
8)	Nous changeons de plan. 우리는 계획을 바꾼다.	changer	changé
9)	Vous cherchez encore un travail? 당신 아직도 일자리를 찾아요?	chercher	cherché

04.

1)	J'ai reçu un coup de téléphone de Marie et je suis parti immédiatement. 나는 마리에게서 전화 한통을 받았고 즉시 떠났다.
2)	Je suis allé à la montagne et j'ai skié avec mes amis. 나는 산에 갔고 친구들과 스키를 탔다.
3)	Qu'est-ce que tu as fait hier? J'ai vu un film. 어제 너 뭐했니? 영화를 봤어.
4)	Il a demandé à son père l'autorisation de sortir. 그는 아버지께 외출허락을 부탁했다.
5)	Qu'est-ce que tu as acheté au marché? J'ai acheté des pommes. 시장에서 무엇을 샀니? 사과를 샀어.
6)	Où sont vos enfants? Ils sont allés à la piscine. 당신 아이들은 어디 갔어요? 수영장에 갔습니다.
7)	Vous avez visité le musée du Louvre? 루브르 박물관을 방문해 보셨어요?
8)	Il a acheté une maison et il a demandé Marie en mariage. 그는 집을 샀고 마리에게 결혼신청을 했어.
9)	Mon père est mort d'un cancer, mais je fume encore. 내 아버지는 암으로 돌아가셨는데, 나는 아직도 담배를 피고 있어.
10)	Il a écrit un roman et ce livre est devenu un best-seller. 그는 소설을 썼는데 그 책이 베스트셀러가 되었다.
11)	J'ai pu terminer mon travail grâce à vous. 당신 덕분에 일을 끝낼 수 있었어요.
12)	J'ai voulu quitter cette ville depuis mon enfance. 나는 어려서부터 이 마을을 떠나고 싶었어요.

05.

1)	Mon père [lisait] un journal. 아버지께서 신문을 읽고 계셨다.
2)	Nous [prenions] le dîner. 우린 저녁을 먹고 있었다.
3)	Ils [mangeaient] toujours de la glace comme dessert. 그들은 후식으로 항상 아이스크림을 먹곤 했었다.
4)	Je [voulais] travailler avec elle. 나는 그녀와 일을 하고 싶어했다.
5)	Il [pouvait] partir tôt. 그는 일찍 떠날 수 있었다.
6)	Nous [avions] un rendez-vous avec Monsieur Kim. 우린 김선생님과 약속이 있었다.
7)	Vous [étiez] combien? 당신들은 몇 명이었어요?
8)	Elles [cherchaient] leur chien partout. 그녀들은 동네방네 개를 찾아 다니고 있었다.
9)	Il [écoutait] un CD de Céline Dion. 그는 쎌린 디옹의 CD를 듣곤 했다.
10)	Elle [travaillait] toute seule. 그녀는 혼자 일하곤 했다.

06.

1)	Quand il était jeune, il faisait beaucoup de sport. 그가 젊었을 때, 그는 많은 운동을 했었다.
2)	Quand j'étais petit, ma mère m'accompagnait à l'école. 내가 어렸을 때 어머니는 학교까지 나와 함께 가곤 했다.
3)	Tous les jours, il commençait le travail à 9 heures. 매일, 그는 일을 9시에 시작하곤 했다.
4)	Il était en pleine forme parce qu'il ne fumait pas. 그는 담배를 피우지 않았기 때문에 항상 최고의 컨디션이었다.
5)	Ma grand-mère tricotait souvent pour moi. 할머니는 나를 위해 자주 뜨개질을 하시곤 했다.
6)	Ma famille habitait à la campagne et nous étions heureux. 나의 가족은 교외에 살고 있었는데, 우린 행복했었다.
7)	Il me fallait une heure pour venir ici. 여기까지 오는데 한 시간이나 걸렸어.
8)	Il partait en voyage en Europe chaque année. 그는 매년 유럽으로 여행을 떠나곤 했다.
9)	Il prenait le volant à ce moment-là. 그 순간에 그가 운전대를 잡고 있었다.
10)	Il faisait tout ce que je voulais. 그는 내가 원하는 것은 다 해주곤 했다.

07.

1)	J'[irai] où tu [iras]. 나는 네가 가는 곳이면 어디든 갈 것이다.
2)	Nous [viendrons] l'année prochaine. 우린 내년에 올 거예요.
3)	On [visitera] le château dans une semaine. 우린 다음 주에 성을 방문할 겁니다.
4)	J'[achèterai] cett maison un jour. 나는 언젠가 이 집을 살 거예요.
5)	Il [finira] son travail jusqu'à l'après-demain. 그는 모레까지 일을 끝낼 겁니다.
6)	Elle [apprendra] à nager pendant les vacances. 그녀는 휴가동안 수영하는 법을 배울 거예요.
7)	Tu [resteras] chez moi jusqu'à quand? 너 내집에 언제까지 머무를 거야?
8)	Ils [pourront] gagner le match cette fois-ci. 그들은 이번에는 시합에서 이길 수 있을 거예요.
9)	Je [ferai] de mon mieux. 나는 최선을 다할 겁니다.
10)	Tu [devras] garder les enfants pendant mon absence. 너 내가 없는 동안 아이들을 돌봐야 해.

08.

1)	Quand je serai grand, je voyagerai en Europe. 내가 크면 유럽을 여행할거야.
2)	Il sera un grand savant un jour. 그는 언젠가 위 대학 석학이 될 거야.
3)	Il fera beau et très chaud demain. 내일은 날씨가 좋고 매우 더울 거야.
4)	Nous commencerons à construire notre maison le mois prochain. 우린 다음달에 우리 집을 짓기 시작할 거야.
5)	Si elle travaille comme ça, elle sera bientôt riche . 그녀가 저렇게 일한다면, 곧 부자가 될 거야.
6)	Je resterai chez mon oncle pendant les vacances. 나는 방학에 삼촌 집에 머물 거야.
7)	Un jour, ton fils saura le secret. 언젠가, 네 아들이 비밀을 알게 될 거야.
8)	Je donnerai tout ce qu'elle veut. 나는 그녀가 원하는 것은 다 줄 거야.
9)	Tu comprendras pourquoi il est parti. 그가 왜 떠났는지 이해할 수 있을 거야.
10)	Je ne sortirai jamais. 나는 결코 나가지 않을 거야.

Partie 10. 문장유형

01.

1)	a) Est-ce que vous comprenez? 이해하시겠습니까?	8)	a) Où est-ce que vous allez? 당신 어디 갑니까?
	b) Comprenez-vous?		b) Où allez-vous?
	c) Vous comprenez?		c) Vous allez où?
2)	a) Est-ce qu'elle sait conduire? 그녀는 운전할 줄 압니까?	9)	a) Quand est-ce que Paul part? 뽈이 언제 떠납니까?
	b) Sait-elle conduire?		b) Quand Paul part-il?
	c) Elle sait conduire?		c) Paul part quand?
3)	a) Qu'est-ce que vous faites? 뭐하고 계세요?	10)	a) Qu'est-ce que vous cherchez? 무엇을 찾으세요?
	b) Que faites-vous?		b) Que cherchez-vous?
	c) Vous faites quoi?		c) Vous cherchez quoi?
4)	a) Qui cherchez-vous? 누구를 찾으세요?	11)	a) Est-ce qu'il est coréen? 그는 한국인입니까?
	b) Qui est-ce que vous cherchez?		b) Est-il coréen?
	c) Vous cherchez qui?		c) Il est coréen?
5)	a) Est-ce que vous aimez Paul? 당신 뽈을 좋아하세요?	12)	a) Où est-ce qu'elle habite? 그녀는 어디에 살고 있습니까?
	b) Aimez-vous Paul?		b) Où habite-t-elle?
	c) Vous aimez Paul?		c) Elle habite où?
6)	a) Est-ce que c'est ta voiture? 이거 네 차니?	13)	a) Est-ce qu'ils sont mariés? 그들은 결혼했어요?
	b) Est-ce ta voiture?		b) Sont-ils mariés?
	c) C'est ta voiture?		c) Ils sont mariés?
7)	a) Est-ce que tu as des amis ici? 여기에 네 친구들이 있니?	14)	a) Est-ce qu'ils ont des enfants? 그들은 아이가 있어요?
	b) As-tu des amis ici?		b) Ont-ils des enfants?
	c) Tu as des amis ici?		c) Ils ont des enfants?

02.

1)	Quand est-ce qu'il arrive? 그가 언제 도착하니? Il arrive jeudi. 목요일에 도착해.	6)	Vous travaillez avec qui? 당신 누구와 일을 하십니까? Je travaille avec Jean. 장과 함께 일을 합니다.
2)	Pourquoi ferme-t-il la fenêtre? 왜 그가 창문을 닫니? Parce qu'il pleut dehors. 왜냐하면 밖에 비가 와서 그래.	7)	Qu'est-ce qu'il mange? 그가 무엇을 먹고 있어요? Il mange de la viande. 고기를 먹어요.
3)	Où est-ce que vous habitez? 당신 어디에서 살고 있어요? J'habite à Paris. 파리에 삽니다.	8)	Vous regardez quoi? 무엇을 보고 있어요? Je regarde la télé. TV를 봐요.
4)	Qu'est-ce que tu achètes? 너 무엇을 사니? J'achète des jouets. 장난감을 사.	9)	À qui pensez-vous? 누구를 생각하십니까? Je pense à mon père. 아버지를 생각합니다.
5)	Vous venez d'où? 당신들 어디에서 오는 겁니까? Nous venons de l'aéroport. 우린 공항에서부터 오는 거에요.	10)	Que voulez-vous? 무엇을 원하십니까? Je veux partir. 떠나고 싶어요.

03.

1)	Tu ne sais pas danser? 너 춤을 출 줄 몰라?
2)	Nous ne voulons pas aller au cinéma. 우린 극장에 가고 싶지 않아.
3)	Il ne travaille jamais pendant le week-end. 그는 주말에는 절대 일을 안해.
4)	Je ne regrette rien. 나는 전혀 후회하지 않아요.
5)	On ne joue pas au tennis quand il pleut. 비가 올 때는 테니스를 치지 않습니다.
6)	Il n'écoute jamais cette émission. 그는 이 방송을 결코 듣지 않아.
7)	Je n'aime pas du tout le jazz. 나는 재즈를 전혀 좋아하지 않아.
8)	Il n'est pas malade, mais un peu fatigué. 그는 아픈 것이 아니라 약간 피곤한거야.
9)	Vous n'acceptez pas les cartes? 카드를 받지 않아요?
10)	Elle ne parle pas à ses parents. 그녀는 부모님에게 말하지 않아요.

04.

<table>
<tr><td rowspan="2">1)</td><td>Tu as une voiture?
너 차를 가지고 있니?</td><td rowspan="2">6)</td><td>Vous avez un chien?
당신 개를 키우십니까?</td></tr>
<tr><td>Non, je n'ai pas de voiture.
아니, 나는 차가 없어.</td><td>Non, je n'ai pas de chien.
아니오, 저는 개가 없어요.</td></tr>
<tr><td rowspan="2">2)</td><td>Vous voulez boire?
뭐좀 마시겠어요?</td><td rowspan="2">7)</td><td>Vous travaillez demain?
당신 내일 일합니까?</td></tr>
<tr><td>Non, je ne veux pas boire.
아니오, 마시고 싶지 않아요.</td><td>Non, je ne travaille pas demain.
아니오, 내일 일 안합니다.</td></tr>
<tr><td rowspan="2">3)</td><td>Tu regardes la télé? 너 TV를 보니?</td><td rowspan="2">8)</td><td>Il dort déjà? 그는 이미 잡니까?</td></tr>
<tr><td>Non, je ne regarde pas la télé.
아니, 나는 TV를 보지 않아.</td><td>Non, je ne dors pas encore.
아니오, 아직 안 잡니다.</td></tr>
<tr><td rowspan="2">4)</td><td>Vous aimez la danse?
춤추는 것을 좋아하세요?</td><td rowspan="2">9)</td><td>Vous allez à la gare?
당신 역에 가세요?</td></tr>
<tr><td>Non, je n'aime pas du tout la danse.
아니오, 나는 춤을 전혀 안좋아해요.</td><td>Non, je ne vais pas à la gare.
아니오, 역에 가지 않아요.</td></tr>
<tr><td rowspan="2">5)</td><td>J'adore les films d'aventures. Et toi?
나는 모험영화를 아주 좋아해, 너는?</td><td rowspan="2">10)</td><td>Tu nages bien? 수영 잘하니?</td></tr>
<tr><td>Je n'aime pas du tout les films d'aventure.
나는 모험영화를 전혀 안 좋아해.</td><td>Non, je ne nage pas du tout.
아니, 전혀.</td></tr>
</table>

05.

1)	[Roulez] doucement! 천천히 운전하세요.
2)	[Pars] le plus vite possible! 최대한 빨리 떠나라.
3)	[Ne buvez pas] trop d'alcool! 술을 너무 많이 마시지 마세요.
4)	[Rangeons] cette chambre! 이 방을 정리하자
5)	[Téléphone]-moi demain! 내일 나한테 전화해
6)	[Va]-t-en! 가버려
7)	[Ne parle pas] à haute voix! 큰 목소리로 말하지 마.
8)	[Ne mangez pas] trop de chocolats! 초코렛을 많이 먹지 마세요.
9)	[Asseyez]-vous, s'il vous plaît! 자, 앉으세요.
10)	[Fermez] la porte! 문을 닫으세요.
11)	[Ouvrez] la fenêtre! 창문을 여세요.
12)	[Écoute] attentivement! 주의깊게 들어.

06.

1)	Attendez un instant, s'il vous plaît! 잠깐만 기다려 주세요.
2)	Ne dis pas ça! 그렇게 말하지 마라
3)	Ne joue pas trop avec l'ordinateur! 컴퓨터를 가지고 너무 오래 놀지 마
4)	Donnez-moi encore une chance! 저에게 한번만 더 기회를 주세요.
5)	Prononcez cette phrase! 이 문장을 발음해 보세요.
6)	Partons ensemble! 함께 떠나자.
7)	Prenez votre temps! 시간을 가지세요.
8)	Faites comme chez vous! 당신 집처럼 편하게 하세요.
9)	Commencez immédiatement! 즉시 시작하세요.
10)	Ne vous inquiétez pas! 걱정하지 마세요.
11)	Ne fais pas de bruit! 소리를 내지 마라
12)	Va chez le médecin! 의사에게 가봐
13)	Appelez un taxi pour moi! 나를 위해 택시를 불러주세요.
14)	Payez en espèce! 현금으로 지불하세요.
15)	Sors de ma chambre! 내 방에서 나가

■ 저자 약력

이 홍

프랑스 파리 7대학 역사학과 졸업
프랑스 파리 7대학 역사학과 석사 및 박사취득
전 EBS 프랑스어 강좌 강사
중앙대학교 불어불문학과 대우전임
프랑스 파리 7대학 한국학과 초빙교수
현재 인하대학교 프랑스문화전공 교수

저(역)서 Le français pour tous
프랑스어 회화 II
La prononçiation française
Le monde de la chanson française
La nuit de la Saint-Barthélemy dans le sFers d'Agrippa d'Aubigné
L'image de Richelieu da ns les Trois Mousquetaire d'Alexansdre Dumas
Beauté de la Cuisine Coréenne 100 recettes traditionnelle
Beauté de la Cuisine Coréenne 12 spécialités
Recherche sur les fresques tombale du royaume coréen de Koguryo

정일영

인하대 불어불문학과 졸업
프랑스 파리 8대학 대학원 졸업
언어학 박사학위 취득
현재 인하대학교, 경희대학교 출강
EBS 수능 프랑스어 강의

저서 프랑스어능력시험(DELF) A1, A2, A1-Junior, A2-Junior, B1, B2
프랑스어문법사전
기초 프랑스어
오르세미술관, 루브르박물관, 오디세이 신화
프랑스 문화의 이해
유럽연합의 이해
언어의 이해
생활속의 프랑스어 회화
홀로서기 프랑스어 회화
디지털로 배우는 프랑스어 회화
샹송으로 배우는 프랑스어 회화
프랑스어 듣기

프랑스어 듣고 이해하기

1판 1쇄 찍음 • 2009년 8월 25일
1판 2쇄 펴냄 • 2011년 2월 28일

저 자 • 이 홍 · 정일영
발행인 • 정 현 걸
발 행 • 신 아 사
인 쇄 • 예지인쇄

출판등록 • 1956년 1월 5일 (제9-52호)
서울특별시 은평구 녹번동 28-36(2F)
전화 (02)382-6411 • 팩스 (02)382-6401
홈페이지 • www.shinasa.co.kr
E-mail • shinasa@chol.com

ISBN 978-89-8396-656-8(93760)

정가 *13,000* 원

MP3 듣기

쪽수	번호	쪽수	번호	쪽수	번호
135	01 → 001	149	04 → 043	171	05 → 083
	02 → 002		05 → 044		06 → 084
	03 → 003	150	06 → 045	172	01 → 085
136	01 (20번까지) → 004 01 (40번까지) → 005	151	01 → 046		02 → 086
137	02 → 006	152	01 → 047		03 → 087
	03 → 007	153	01 → 048	173	01 → 088
	04 → 008		02 → 049		02 → 089
	05 → 009	154	03 → 050		03 → 090
138	06 → 010		04 → 051	174	01 → 091
	07 → 011	156	01 → 052	175	02 → 092
	08 → 012		02 → 053		03 → 093
	09. ei - ai - et → 013	157	03 → 054	176	01 (10번) → 094 01 (20번) → 095
139	er - é → 014		04 → 055		02 → 096
	au - eau → 015	158	01 → 056	177	03 → 097
	ou → 016		02 → 057		04 → 098
	oi → 017		03 → 058		05 → 099
140	ar - al → 018	159	04 → 059		06 → 100
	or - ol → 019		05 → 060	178	07 → 101
	eur - our → 020		06 → 061		08 → 102
141	01 → 021	160	07 → 062	179	01 → 103
	02 → 022	161	01 → 063		02 → 104
	03 → 023		02 → 064	180	03 → 105
142	04 → 024		03 → 065		04 → 106
	05. ein - ain → 025	162	04 → 066	181	05 → 107
143	am - an → 026	163	01 → 067		06 → 108
	em - en → 027		02 → 068	182	01 → 109
	om - on → 028	164	03 → 069	183	03 → 111
144	im - in → 029		04 → 070		04 → 112
	ion - oin → 030	165	05 → 071	184	05 → 113
145	01 → 031		06 → 072		06 → 114
	02 → 032	167	01 → 074	185	07 → 115
	03 → 033		02 → 075		08 → 116
146	04 → 034	168	03 → 076	186	01 → 117
	05 → 035		04 → 077	187	02 → 118
	07 → 037		05 → 078		03 → 119
147	08 → 038	169	01 → 079	188	04 → 120
	09 → 039		02 → 080		05 → 121
148	01 → 040	170	03 → 081	189	06 → 122
	02 → 041		04 → 082		
	03 → 042				